包与容

一　龙　编著

吉林文史出版社

图书在版编目（CIP）数据

包与容 / 一龙编著. -- 长春 : 吉林文史出版社,
2020.1（2024.8重印）

ISBN 978-7-5472-6711-0

Ⅰ. ①包… Ⅱ. ①一… Ⅲ. ①人生哲学－通俗读物
Ⅳ. ①B821-49

中国版本图书馆CIP数据核字(2019)第259472号

包与容

BAO YU RONG

编　　著　一　龙

责任编辑　张雅婷

封面设计　末末美书

出版发行　吉林文史出版社有限责任公司

地　　址　长春市福祉大路5788号

电　　话　0431-81629353

网　　址　www.jlws.com.cn

印　　刷　北京永顺兴望印刷厂

开　　本　880mm × 1230mm　1/32

印　　张　4

字　　数　80千

版　　次　2020年1月第1版　2024年8月第2次印刷

定　　价　19.80元

书　　号　ISBN 978-7-5472-6711-0

前　言

包容是一种美好的心性，是一种博大的胸襟，是一种能够放下一切的气度，是一种淡定从容的洒脱，是一种俯仰自如的风度。一个人一生成就的大小，与他的包容能力有很大关系，心胸有多大，事业就有多大；包容有多少，拥有就有多少。纵观古今成大事业者，无不有海纳百川的肚量，所谓“量小非君子”“将军额上能跑马，宰相肚里能撑船”。因此，包容实是人生必不可少的智慧，是一堂人生的必修课。

包容是为人处世中与他人和谐共处的良方。人生在世，不可能离群索居，人与人彼此相处，难免会发生磕碰和摩擦。譬如朋友间的误会、同事间的纠葛、邻里间的纷争、夫妻间的争吵，等等。矛盾是无处不在的，关键在于要面对现实，用包容去化解矛盾。包容人，包容事，忍下的是一时之气，得到的却是长久的安然、宁静、和谐与友好，其善莫大焉。包容是人生的一座桥，将彼此间的心灵沟通。走过这座桥，人们的生活就会多一些空间，多一分爱心；人们的生活就会多一分温暖，多一分阳光。

包容是化解一切苦痛和升华人生的力量。其实每个人的生活都免不了苦难，包容你所遭受的伤害、折磨、痛苦，你就会感到生命道路两旁，困难固然有，但更多的是花香；荆棘固然在，但更多的是山风猎猎、海浪沧沧。在不断的磨砺中成长，在风吹雨打的荷塘里守望着盛夏，这就是对包容最好的诠释。

包容更是成就事业的基石。在现代社会，一个人要成就一番事业，不可能靠单打独斗，必须得有强有力的团队和良好的人际关系。而这一切的拥有都得靠包容的胸怀。团队是若干人的集合体，既然是若干人，就可能个性、气质和能力特点迥异。不同类型员工，既有所长也伴有所短。毕竟，人无完人，金无足赤。这就要求团队的领导者要有海纳百川的肚量，用人不求全责备，用其所长，容其所短。所以说，你的包容能力有多大，你的事业就能做多大。

包容是一种非凡的气度、宽广的胸怀，是对人对事的接纳和宽恕；包容是一种高贵的品质、崇高的境界，是精神的成熟和心灵的丰盈；包容是一种生存的智慧和生活的艺术，是那种看透了社会人生后的从容、自信和超然。懂得包容的人总能得到别人的尊重与帮助，懂得包容的人会因为谦和的姿态受到他人的欢迎和喜爱，懂得包容的人无时无刻不处于和谐之中，无论工作、事业还是生活都顺风顺水。懂得包容，你才能成就无悔、和乐、健康、美满的人生。

目 录

第一章 你的胸怀，就是你的世界

放开胸怀得到的是整个世界

我们说心就像一个人的翅膀，心有多大，世界就有多大。但如果不能打碎心中的四壁，你的翅膀就舒展不开，即使给你一片大海，你也找不到自由的感觉。

打开自己，需要开放自己的胸怀。

开放，是一种心态、一种个性、一种气度、一种修养；是能正确地对待自己、他人、社会和周围的一切；是对自己的专业和周围的世界都怀有强烈的兴趣，喜欢钻研和探索；是热爱创新，不墨守成规，不故步自封，不固执僵化；是乐于和别人分享快乐，并能抚慰别人的痛苦与哀伤；是谦虚，承认自己的不足，并能乐观地接受他人的意见，而且非常喜欢和别人交流；是乐于承担责任和接受挑战；是具有极强的适应性，乐意接受新的思想和新的经验，能够迅速适应新的环境；是坚强的心胸，敢于面对任

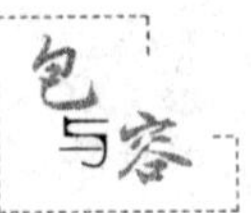

何的否定和挫折，不畏惧失败。

不打开自己，一个人就不可能学会新东西，更不可能进步和成长。开放的胸怀，是学习的前提，是沟通的基础，是提升自我的起点。在一个组织里，最成功的人就是拥有开放胸怀的人，他们进步最快，人缘最好，也容易获得成功的机会。具有开阔胸怀的人，会主动听取别人的意见，改进自己的工作。

开放的心自由自在，可以飞得又高又远；而封闭的心像一池死水，永远没有机会进步。如果你的心过于封闭，不能接纳别人的建议，就等于锁上了一扇门，禁锢了你的心灵。要知道褊狭就像一把利刃，会切断许多机会及沟通的管道。

花草因为有土壤和养分才会茁壮成长、绽放美丽，人的心灵也必须不断接受新思想的洗礼和浇灌，否则智慧就会因为缺乏营养而枯萎死亡。

换个角度，从缺陷中发现美

有人常常抱怨自己的容貌不够完美。人是个多面体，我们常说谁长得漂亮、谁长得不那么漂亮，那只是我们从一个角度去看。当我们受到打击缺乏信心的时候，不妨换个角度审视一下自己，你也许会发现一个与众不同的自我。

外貌的不足的确是一种缺陷，但如果只盯着自己的不足，它就会变得自怨自艾，这时你的眼前就像横着一个放大镜，小小的缺陷就会被无限放大成悲剧或灾难。可是，当你换个角度来看时，这其实并不是什么了不起的事情，甚至完全可以忽略不计。

世上很难找到完美之人。人无完人当然遗憾，但它既已存在，我们就该泰然处之。人生的价值在于奉献和创造，在于完美人格的构建、灵魂的塑造和精神的升华。上帝关上一道门的同时，又会为你打开一扇窗，问题是你有没有用心地去发现那扇窗子。我们不必为自己的平庸而感到自卑，只要善于发现，你完全可以从这些自认为的不足中找到有价值的一面。

包容的实质是包容自己

“当紫罗兰被脚踩扁的时候，却把芳香留给了它。”这是美国作家马克·吐温给宽容做的一个最为形象的注解。其实，宽容别人的同时，也是释放自己的过程。

报复会把一个好端端的人驱向疯狂的边缘，使你的心灵不能得到片刻安静。

宽容的实质不是宽容别人，而是宽容自己。唯有宽容，才能抚慰你暴躁的心绪，弥补不幸对你的伤害，让你不再纠缠于心灵毒蛇的咬噬，从而获得自由。

我们常常在自己的脑子里预设了一些规定，以为别人应该有什么样的行为，如果对方违反规定就会引起我们的怨恨。其实，因为别人对我们的“规定”置之不理就感到怨恨，是一件十分可

笑的事。大多数人都以为，只要我们不原谅对方，就可以让对方得到一些教训，也就是说：只要我不原谅你，你就没有好日子过。而实际上，不原谅别人，表面上是那人不好，其实真正倒霉的是我们自己，因为不肯宽容会产生愤恨和沮丧，愤恨首先破坏的是你自己的健康。

要做到宽容，起码要做到两条：首先，多反省自己，你发现自己原来也有很多的缺点，自己本身并不完美；其次，多发现对方的优点，也有一些值得你学习的地方。所以，考虑问题时要试试从对方的角度出发，求大同，存小异。这样你才能够善待他人，也善待自己。

宽容别人的同时，自己也就把怨恨或嫉恨从心中排除，才会怀着平和与喜悦的心情看待任何人和任何事，才会带着愉快的心情生活。所以，要在待人接物的过程中逐步学会宽容，能宽容他人的人，心里会更平静。心胸比较宽阔的人，也更容易宽容他人。当你对别人宽容之时，也是对你自己的宽容。明明是对方错怪了你，对方欺骗了你，对方伤害了你，你不把怨恨常挂嘴边。那么，对坏人也要宽容吗？正确的回答是，你不以其人之道还治其人之身，就是宽容。

所以要让自己快快乐乐地生活在充满爱的世界里，自己首先要做一个宽宏大量的人。要真正做到宽容并不容易。所以，你应该远离是非之人，随着时间的推移，你会发现，你的宽容多了，你心里的宁静和喜悦也多了。

逐步做到宽容，是一个人成长和进步的过程。因为宽容，你会始终生活在平静健康之中；因为宽容，你会成为婚姻的赢家；因为宽容，你会成为事业的赢家；因为宽容，你会成为幸福的赢家。宽容可以让生活变得美好许多，会让这个世界充满爱。

遇谤不辩，沉默即宽容

诗曰："不智之智，名曰真智。蠢然其容，灵辉内炽。用察为明，古人所忌。学道之士，晦以混世。不巧之巧，名曰极巧。一事无能，万法俱了。露才扬己，古人所少。学道之士，朴以自保。"在人生的旅途中，我们会有各种各样的遭遇，许多时候，沉默是最好的矛与盾，进可攻，退可守。

在面对羞辱、误解、背叛的时候，沉默本身就是一种宽容。只是对于一个世俗之人来说，这种宽容会让自己很不好受，是一种疼痛的过程。但对于有的人来说，这种宽容是一种快乐，因为它能够感化心存善念的人，让他们有时间反省自己的错误，是一种无声之教。这时，所有语言的力量都是微不足道的。

环视芸芸众生，能做到遭误解、毁谤，不仅不辩解、报复，反而默默承受，甘心为此奉献付出、受苦受难的人有几个呢？

遇谤不辩，是一种多么难得的人生境界。当诽谤发生后，有时争辩会适得其反，不是越辩越黑便是欲盖弥彰。这时候，往往沉默是金，让清者自清而浊者自浊，这才是明智的选择。诽谤最终会在事实面前不攻自破。在现实生活中，拥有“不辩”的胸襟，就不会与他人针尖对麦芒，睚眦必报；拥有“不辩”的智慧，宽恕永远多于怨恨。

心宽寿自延，量大智自裕

我们不能改变生命的长度，却可以改变生命的宽度。这句话常常被用来激励失意之人。不要慨叹生命的短暂，而是要在有限的生命中注入无限的激情，如此，心情会随之改变，生活会随之改变，命运也会随之改变。

当我们想要更快地在一个蓄水池中注满清澈的河水时，蓄水池大小是固定的，增加输水管道的长度也只是拉长了水流的距离，我们需要去做的是将管道拓宽。

事实上，当我们真正改变了心灵的宽度时，生命的长度也会悄然增加。心宽，放下一切自我执着而引发的烦恼；量大，用包容的心去容下他人的一切，才能获得真正的洒脱，做到真正的慈悲，获得真正的智慧。

真正的宽容，是包容清净的，也包容污秽的，包容爱的人，也包容恨的人，包容善良，也包容邪恶。真正的量大，要像广袤的苍穹，容纳群星也容纳尘埃；要像浩瀚的大海，容纳百川也容纳细流；更要像无垠的虚空，无所不含，无所不摄。

当我们将手中的鲜花送与别人时，自己已经闻到了鲜花的芳香；而当我们要把泥巴甩向其他人的时候，自己的手已经被污泥染脏。不发怒不暴躁，不患得患失，不受尘俗牵挂，超然洒脱，才能达到高深的修持境界，获得真正的智慧。

多一些磅礴大气，少一些小肚鸡肠

大度，是一种修养，是一个人健全人格和健康心理的体现。大度也是一种气质，是一个人幸福生活的前提。大度来自人的理念、理想追求及道德修养。要做到大度不小气，首先要眼界宽阔，而不能目光短浅。因为，眼界宽阔的人在看问题方面会比较大气，而没有什么见识的人只能囿于自己的小圈子里面，为了鸡毛蒜皮的事情跟人吵得面红耳赤。因此，我们要始终怀着一颗美好的心去观察和认识世界，要用长远的眼光去看问题，只有这样，才能具有宏大而深邃的视野，才能有宽阔的胸襟。

宽以待人，历来被我国历史上的仁人贤士所推崇。“唯宽可以容人，唯厚可以载物。”有些人却是完全“严以待人，宽以律己”。在人际关系中，这种小鼻小眼的行为正犯了大忌，一次两次的短期接触还好，长此以往必不得人心。

避免小气，就要做到心理平衡。这既是保持身心健康的良方，又是事业成功的重要条件。善于调节心理平衡的人，必然心胸宽广，不会计较于一时得失，什么伤心事、苦恼事统统都可置之度外。这样就能大度待人，公道处事，使生命的质量得到提高。反之，小肚鸡肠、心胸狭窄，动不动就落个心理不平衡，在这样的心态下生活，生活的质量必然会大打折扣。

清代学者张湖曾说：“律己宜带秋风，处事宜带春风。”让我们多一些长远的目光，少一些狭隘的思维；多一些磅礴大气，少一些小肚鸡肠；多一些理解，多一些宽容，多一些主见，不轻易受别人的影响。这才是有为之人所必备的气质和胸怀。

苛求他人，等于孤立自己

每个人都有可取的一面，也有不足的地方。与人相处，如果总是苛求十全十美，那么永远也交不到真正亲密的朋友。在这一点上，曾国藩早就有了自己的见解，他曾经说过：“概天下无无瑕之才、无隙之交。大过改之，微瑕涵之，则可。”意思是说，天下没有一点儿缺点也没有的人，没有一点儿缝隙也没有的交情。有了大的错误，要能够改正，剩下小的缺陷，人们给予包容，就可以了。为此，曾国藩总是能够宽容别人，谅解别人。

凡是成大事者，都有广阔的胸襟。他们在与别人相处的时候，不会计较别人的短处，而是以一颗平常心看待别人的长处，从中看到别人的优点，弥补自己的不足。如果眼睛只能看到别人的短处，那么这个人的眼里就只有不好和缺陷，而看不到别人美好的一面。在生活中，每个人都可能跟别人发生矛盾。如果一味地跟别人计较，就可能浪费自己很多精力。与其把自己的时间浪费在一些鸡毛蒜皮的小事上，不如就放开胸怀，给别人一次机会，也可以让自己有更多的精力去做更多有意义的事情。

牙齿没有不碰到舌头的。很多事情忍耐一下，也就过去了。有些矛盾的产生，别人也不一定就是故意的，我们给予他包容，他可能会主动认识到错误，也给自己减少了很多麻烦。

己所不欲，勿施于人

在社会生活中，每个人都难免会遇到磕磕碰碰的事情，关键是要有一种“能容天下难容之事”的宽容心态，少一些心胸狭窄、尖酸刻薄，多一些大度宽容、海阔天空的气质。这样，无论遇到什么事情，都会平心静气地对待。

以己度人，推己及人，这样处理问题和与人交往，才能获得别人的尊重，与别人和睦相处，甚至能够化敌为友。

在社会上，特别是初涉世事的青年，由于对社会的茫然，总是时时处处小心翼翼，左顾右盼地想找出参照物规范自己、约束自己。这种反应当然是正常的，但是有时候以此为原则，反而会导致初衷与结果南辕北辙。

这时，你就可以采用“己所不欲，勿施于人”的原则，在日常工作和生活中，多问一下自己：我做这件事产生的后果自己觉得如何？如果自己能够接受，那么别人也大概能够容忍；如果自己都不能容忍，那么别人肯定也不愿接受。

一个人若能从别人的角度来看事情，了解别人的心灵活动，就永远也不必为自己的前途担心。我们要学会体谅别人，站在别人的立场来看问题，这样就可以减少生活中的摩擦，人与人之间的关系就会变得更加和谐。

千金易得，宽厚之心难求

“但求世上人无病，何妨架上药生尘。”在以前的药铺里常常可以看到这样一副对联。它包含的悲天悯人、宽厚无私的情怀是很让人感动的。自己虽然是良医，却祈求别人不生病，其中蕴含着至高境界的道德品质。

同样的宽厚无私在孔子身上也可以看到，孔子在《论语·颜渊》中也曾说过：“听讼，吾犹人也。必也使无讼乎！”意思是说：审理诉讼案件，我同别人一样能做好。但内心总是希望这些事情不再发生啊！孔子希望通过教化来提升人们的修养，减少案件的发生。这是以天下人为念的崇高博大的情怀。

世间天地万物数不胜数，其中最能够打动人的莫过于一颗宽厚无私、善良之心。

“世人无数，可分三品：时常损人利己者，心灵落满灰尘，眼中多有丑恶，此乃人中下品；偶尔损人利己，心灵稍有微尘，恰似白璧微瑕，不掩其辉，此乃人中中品；终生不损人利己，心如明镜，纯净洁白，为世人所敬，此乃人中上品。人心本是水晶之体，容不得半点儿尘埃。”人世间最宝贵的不是金银财宝，而是一颗宽厚无私、品行高尚的心灵，那是纵有千金也不能买到的稀世珍品。

第二章

蚌含沙孕珍珠，人受苦酝成就

心境平和，对自己说“不要紧”

在生活中，我们遇到不如意的事，学会对自己说“没关系”，会让你的心态更平和，你会发现世界更广阔。

生命中有很多突发的变故，会给我们的心灵带来巨大的压力，很多人会因为这些压力而变得一蹶不振，甚至会因此而失去生活的勇气。

卡耐基曾说：“正如杨柳承受风雨，水适于一切容器一样，我们也要学会承受一切不可逆转的事实，对于那些必然之事我们要学会主动而轻快地承受。”面对这些人生的狂风暴雨，如果我们都能够对自己说一句“不要紧”，然后平静地接受它，时刻保持积极的心态，那么这些人生困难终将过去。

以游戏之心看待挫折

我们从小就学会了做游戏，游戏本身，就是在不断战胜挫折与失败中获取一种刺激与欢乐。假如没有挫折与失败，再好的游戏也会索然无味。人生就如一场游戏，我们作为其中的玩家，真的能像对待现实的游戏一样对待它吗？人们玩游戏，是寻找娱乐，是带着挑战的心情去面对游戏中的困难与挫折的，面对强大的对手，不断地损伤受挫，但越是如此，越会兴头十足。试想，倘若人们在生活中，也有这么一种积极向上的游戏心态，那么失败后，就不会显得那般沉重和压抑。既然如此，我们为何不将挫折变成一种游戏呢？那样便会让痛苦沮丧的心情超然快活起来。二者其实并无差别，只是人们在游戏中身心放松，而在生活中过于紧张。

每个人的路都不一样，但命运对每个人都是公平的，有得必有失，就看你能不能往好处想。

将生活中的挫折和困难视为游戏，不是为了游戏人生，而是为了以积极的心态面对现实，从而克服困难。笑看忧愁，笑看人生，如此而已！

“出丑”是“出众”之母

很多时候，我们都会用这样一句话来鼓励自己：天才是一分的灵感加上九十九分的汗水。于是，一些人就开始拼命工作，希望能用100%的汗水换来那1%的天分。其实，如果能用汗水弥补的天分，就不是真正的天分了。这个世界上，毕竟只有少数人才能成为天才。所以，我们之中的大多数人都只能在99%里过活，我们的成长总是要伴随着一些无谓的辛苦。

人们都想使自己聪明，都怕在众人面前出丑。这似乎是截然对立的，聪明人绝不会出丑，出丑的人必然是笨蛋。然而，实际生活并非如此。聪明的人有时简直如同一个大傻瓜，他们当众出丑，却若无其事，他们被人嗤笑却自得其乐。然而，他们就这样走向了成功。

聪明是令人羡慕的，出丑总使人感到难堪。但是，聪明是在无数次出丑中练就的，不敢出丑，就很难聪明起来。

生活中有些人由于不愿成为初学者，就总是拒绝学习新东西。他们因为害怕“出丑”，宁愿闭塞自己，限制自己的乐趣，禁锢自己的生活。

若要改变自己的生活位置，总要冒出丑的风险。除非你决心在一个地方、一个水平上“钉死”了。不要担心出丑，否则你就会无所作为。你会受到囿于静止的生活而又时时渴望变化的愿望的痛苦煎熬。我们也许应该记住这一点，由于我们害怕出丑，也许会失去许多机会而感到后悔。我们应该记住法国的一句谚语：“一个从不出丑的人并不是一个如他自己想象的聪明人。”

不要抱怨一时的困境

抱怨的最大受害者是自己。生活中你会遇到许多专业知识掌握得很好的失业者，当你和这些失业者交流时，你会发现，这些人对原有工作充满了抱怨、不满和谴责。要么就怪工作环境不够好，要么就怪老板有眼无珠，不识才……总之，牢骚一大堆，积怨满天飞。殊不知这就是问题的关键所在——爱吹毛求疵的毛病使他们丢失了责任感和使命感，只对寻找不利因素兴趣十足，从而使自己发展的道路越来越窄。他们与公司格格不入，变得不再有用，只好被迫离开。如果不相信，你可以立刻去询问你所遇到的任何10个失业者，问他们为什么没能在之前所从事的行业中继续发展下去，10个人当中至少有9个人会抱怨旧上级或同事的不是，很少有人能够认识到自己之所以失业的真正原因。

提及抱怨与责任，有位企业领导者一针见血地指出："抱怨是失败的一个借口，是逃避责任的理由。爱抱怨的人没有胸怀，很难担当大任。"仔细观察任何一个管理健全的机构，你会发现，没有人会因为喋喋不休的抱怨而获得奖励和提升。这是再自然不过的事了。想象一下，船上水手如果总不停地抱怨这艘船怎么这么破、船上的环境太差了、食物简直难以下咽，以及有一个多么愚蠢的船长……这时，你认为，这名水手的责任心会有多强？对工作会尽职尽责吗？假如你是船长，你是否敢让他做重要的工作？

如果你受雇于某个公司，就发誓对工作竭尽全力、主动负责吧！只要你依然还是整体中的一员，就不要谴责它，不要伤害它，否则你诋毁公司的同时也断送了自己的前程。如果你对公司、对工作有满腹的牢骚无从宣泄时，做个选择吧。一是选择离开，到公司的门外去宣泄；二是选择留下。当你选择留在这里的时候，就应该做到在其位谋其政，全身心地投入到工作中去，为更好地完成工作而努力。记住，这是你的责任。

一个人的发展往往会受到很多因素的影响，这些因素有很多是自己无法把握的，如工作不被认同、才能不被发现、职业发展受挫等。在现实面前，任何急躁、抱怨都没有益处，只有坦然地接受现实并战胜眼前的痛苦，才能使自己的事业有进一步发展的可能。

广阔的心胸可以稀释一切痛苦烦恼

一个人的心胸有多大，他的成就就有多大，不为一己之利去争、去斗、去夺，扫除报复之心和嫉妒之念，则心胸广阔天地宽。当你能把虚空宇宙都包容在心中时，你的心胸自然就能如同天空一样博大。无论荣辱悲喜、成败冷暖，只要心胸放大，自然能做到宠辱不惊。

如果说生命中的痛苦是无法自控的，那么我们唯有拓宽自己的心胸，才能获得人生的愉悦。通过内心的调整去适应、去承受必须经历的苦难，从苦涩中体味心胸是否足够宽广，从忍耐中感悟暗夜中的成长。

心胸是一个可开合的容器，当我们只顾自己的私欲，它就会愈缩愈小；当我们能站在别人的立场上考虑，它又会渐渐舒展开来。若事事斤斤计较，便把自己局限在一个很小的框框里。这种处世心态，既轻视了自身的能力，又降低了自己的品格。

心量是大还是小，在于自己愿不愿意敞开。一念之差，心的格局便不一样，它可以大如宇宙，也可以小如微尘。我们的心，要和海一样，任何大江小溪都要容纳；要和云一样，任何天涯海角都愿遨游；要和山一样，任何飞禽走兽，都不拒绝；要和路一样，任何脚印车辙都能承担。这样，我们才不会因一些小事而心绪不宁、烦躁苦闷。

学会接受不可更改的事实

荷兰阿姆斯特丹有一个15世纪的教堂遗迹，里面有这样一句让人过目不忘的题词："事必如此，别无选择。"命运总是充满了不可捉摸的变数，如果它给我们带来了快乐，当然是很好的，我们也很容易接受。但事情却往往并非如此，有时，它带给我们的会是苦难，这时如果我们不能学会接受它，反而让苦难主宰了我们的心灵，那生活就会永远地失去阳光。

威廉·詹姆斯说："完全接受已经发生的事，这是克服不幸的第一步。”哲人说：“太阳底下所有的痛苦，有的可以解救，有的则不能，若有就去寻找；若无，就忘掉它。”

快乐是什么？快乐是血、泪、汗浸泡的人生土壤里怒放的生命之花，正如惠特曼所说：“只有受过寒冷的人才感觉得到阳光的温暖，也只有在人生战场上受过挫败、痛苦的人才知道生命的珍贵，才可以感受到生活之中的真正快乐。”

面对现实，并不等于束手接受所有的不幸。只要有可以挽救的机会，我们就应该奋斗！但是，当我们发现情势已不能挽回时，我们最好就不要再思前想后、拒绝面对，要接受不可避免的事实，唯有如此，才能在人生的道路上掌握好平衡。

不能改变环境，就学着适应它

腐儒俗士岂识时务，识时务者在乎俊杰。

什么是识时务呢？识时务即指认清事物的变化方向，了解问题的特征，就如同垂钓之人了解鱼的习性一样。懂得这样做的人才是高明之人，才堪称俊杰。

很多人都在问：“社会变化了，我能够做什么？”这个问题给很多人带来了困扰，让他们陷入了痛苦的深渊。

如果你的天赋和内心要求你从事木工工作，那么你就做一个木匠；如果你的天赋和内心要求你从事医学工作，那么你就做一名医生。人的生存离不开环境，环境一旦变化，我们必须随时调整自己的观念、思想、行动及目标，以适应这种变化，这是生存的客观法则。

但是，有时环境的发展，与我们的事业目标、兴趣、爱好等发展是不合拍的，有时甚至会阻碍、限制我们的能力发展。在这个时候，如果我们有能力、有办法来适应环境，使之满足我们的发展需求，是最难能可贵的。

适应环境需要许多条件，但最重要的是你的信心与智慧，它们相辅相成、缺一不可，有了适应环境的决心和勇气，肯定能够想出解决问题的好方法。

但现实生活中，有的人却不这样，他们改变不了环境，也不利用环境去努力寻找、开创新的机遇，而是怨天尤人、自暴自弃，把自己逼到了死角，一生难有任何作为。

其实，我们经常会身处一个陌生、被动的环境中，而环境本身往往又是不容易被改变的。这时正确的做法就是适应环境，在适应中改变自己、提升自己。

“自己的命运掌握在自己手中。”当你无法改变身处的环境时，就应该以一种积极、向上的态度去适应它，在你付出勤奋、努力后，便会发现成功已悄然来临。如果有一天你实现了自己的人生目标，你应该自豪地对自己说：“我掌握了命运，这都是我适时调整自己的结果。”

一个人要想生存，要想成为强者，就必须跟着时代的步伐一起前进。也就是说，我们要想改变生存环境，必须首先顺应生存环境的发展变化。如果一个人想改变生存环境，却不能首先顺应环境的发展变化，那么，想改变环境的目的是不可能达到的。

关上一道门后，总有另一扇窗打开

在人的一生中，任何人都不能保证事业一帆风顺。很多刚刚步入社会的年轻人，自身的经验、才能都尚在成长之中，加上社会上竞争激烈，各个用人单位对人才的要求不尽相同，这期间面试遭淘汰，或者工作被辞退，都是很正常的事情。你不必为此耿耿于怀。生活中谁都难免遭遇到挫折，只要你树立信心，继续努力，肯定会有“柳暗花明又一村”的新景象。

在面试中，被淘汰并不是一件坏事，这家单位不要你，总会有一家适合你。路正在脚下，即使我们被单位解聘淘汰了也不用去计较，走过去，前面有更光明的一片天地在等着我们。

当生活为你关上一扇门时，上帝同时又会为你打开另一扇窗。生活在竞争异常激烈的时代，我们应该做好充分的心理准备迎接挑战。世界充满了就业的机遇，也充满了被淘汰的可能。被淘汰不一定是坏事，也许这正是命运在以另一种方式告诉你，这里不适合你，你需要寻找更适合你发展的空间。即使你的淘汰确实是因为你的能力暂时不足，只要你再接再厉，努力去争取，谁能说你的明天会不如现在呢？

原来我们可以如此幸运

听说过这样一句话："在这个世界上，你是自己最好的朋友，你也可以成为自己最大的敌人。"当你接受自己、热爱自己时，你的心里就充满了阳光；而当你排斥自己、讨厌自己时，你的心灵就会被冰雪覆盖。你要知道，微不足道的一点儿烦恼也可以影响你的整个生活。

踏入社会的年轻人，无论思想还是为人处世，都有很多不成熟的地方，却又希望事事做到完美，人人都能赞许你。但当这种想法不能实现时，你就很轻易地陷入不如意的境地。

也许，你并不确切地了解自己幸运与否。没关系，这儿有一份专家们的"全球报告"，来细细地对照一下吧：如果我们将全世界的人口压缩成一个100人的村庄，那么这个村庄将有：57名亚洲人，21名欧洲人，14名美洲人和大洋洲人，8名非洲人；52名女人和48名男人；6人拥有全村财富的89%，而这6人均来自美国；80人住房条件不好；72人为文盲；50人营养不良；1人行将死亡；1人正在出生；1人拥有电脑；1人（对，只有1人）拥有大学文凭。

如果我们从这种压缩的角度来认识世界，我们就能发现：

假如你的冰箱里有食物可吃，身上有衣可穿，有房可住，有床可睡，那么你比世界上75%的人更富有。假如你在银行有存款，钱包里有现钞，口袋里有零钱，那么你属于世界上8%最幸运的人之一。假如你父母双全没有离异，那你就是很稀有的地球人。假如你今天早晨起床时身体健康，没有疾病，那么你比其他几千万人都幸运，他们甚至看不到下周的太阳。假如你从未尝试过战争的危险、牢狱的孤独、酷刑的折磨和饥饿的煎熬，那么你的处境比其他5亿人更好。假如你能随便进出教堂或寺庙而没有任何被恐吓、强暴和杀害的危险，那么你比其他30亿人更有运气。假如你读了以上的文字，说明你就不属于5亿文盲中的一员，不会每天都在为不识字而痛苦……

看吧，我们原来这么幸运。只要肯用心去面对，用心去体会，我们当下拥有的，足以幸福一生了。

学会豁达一些，在盯着他人财富的同时，也清点一下自己的所有，你会发觉，自己的运气其实一点儿都不差。

从新的视角拍摄生活的乐趣

有位哲人说：“我们的痛苦不是问题的本身带来的，而是我们对这些问题的看法而产生的。”这句话很经典，它引导我们学会解脱。解脱的最好方式是面对不同的情况时，用不同的思路从多角度分析问题。因为事物都是多面性的，视角不同，所得的结论就不同。

要解决一切困难是一个美丽的梦想，但任何一个困难都是可以解决的。一个问题就是一个矛盾的存在，而每一个矛盾只要找到了合适的介点，就可以把矛盾的双方统一。这个介点不停地变幻，它总与那些处在痛苦中的人玩游戏。转换看问题的视角，就是不能用同种方式去看所有的问题和问题的所有方面。如果那样，你肯定会钻进死胡同，离出口越来越远，处在混乱的矛盾中不能自拔。

如果你能换个视角看问题，你就会看到事物美好的一面；换个视角看人生，你就会从容坦然地面对生活。当痛苦向你袭来的时候，不要悲观气馁，要寻找痛苦的原因以及战胜痛苦的方法，勇敢地面对人生。

换个视角看人生，你就不会为战场失败、商场失手、情场失意而颓废，也不会为名利加身、赞誉四起而得意忘形。

换个视角看人生，是一种突破、一种解脱、一种超越、一种高层次的淡泊宁静。换一个视角看待世界，世界无限宽大；换一种立场对待人事，人事无不自在。

能容得下人，才能成得了事

人与人，在互惠中成长

互惠互利的思维鼓励我们在解决问题时，要共同探讨，以便能够找到切实可行并令所有人受惠的方法。现在已经不是一个“天下唯我独尊”的时代，人们更倾向于达到一种共荣共赢的状态。

人与人，在互惠中寻求共赢。共赢思维是一种基于互敬、寻求互惠的思考框架与心意，目的是获得更多的机会、财富及资源，而非敌对式竞争。

所以，大家好才是真的好，大家赢才是真的赢。人与人相处，应该像离开水的螃蟹，螃蟹在陆地上也可以生存，不过离开水的时间不能太久，所以它们需要不停地吐泡沫来弄湿自己和伙伴。一只螃蟹吐的沫是不大可能把自己完全包裹起来的，但几只螃蟹一起吐泡沫连接起来就形成了一个大的泡沫团，它们也就营造了一个能够容纳自己的富含水分的生存空间，彼此都争取到了生存的机会。

告别“独行侠”时代，你才可以“笑傲江湖”

工作中，有人自视甚高，以为做事“舍我其谁”。他们喜欢单干，如高傲的“独行侠”一般，以自我为中心，极少与同事沟通交流，更不会承认团队对自己的帮助。

有人也许会有疑问：有些天才就是特立独行的，他们也取得了巨大的成就，伟大的成就有时候就是需要别具一格啊！是的，在一些领域里，具有非凡天赋和付出超常努力的人会取得巨大的成就，比如凡·高和爱因斯坦。但是再有才华的人取得的成就也是以前人的成就为基础的，而且在企业里，这样的人是不可能获得长期成功的。

事实上，一个人的成功不是真正的成功，团队的成功才是最大的成功。对于每一个职场人士来说，谦虚、自信、诚信、善于沟通、团队精神等是非常重要的。团队精神在一个公司、一个人事业的发展过程中都是不容忽视的。

“没有完美的个人，只有完美的团队”，这一观点已被越来越多的人所认可。每个人的精力、资源有限，只有在协作的情况下才能达到资源共享。

单打独斗的年代已经一去不复返，只有懂得合作的人才能借别人之力成就自己，并获得双赢。朋友，你想成为真正的笑傲职场的“英雄”吗？那就彻底告别“独行侠”的角色吧。

胸襟有多大，成就就有多大

如同千人千面，人的度量也是千差万别的。有的人豁达大度，“将军额上能跑马，宰相肚里能撑船”；有的人睚眦必报，锱铢必较，你打我一拳，我一定踢你一脚。

人非圣贤，谁能没有七情六欲。但有容乃大，忍者无敌。很多时候一个人之所以能够被人敬仰，受人尊敬，不在于他的能力有多高，相貌有多体面，知识有多渊博，而在于他有宽广的胸襟，能够容人之不能。这种人，不会因他人对自己的轻慢，而轻易对他人进行简单的否定。

一个人度量的大小，固然与他的思想修养、道德水平、文化程度、社会经历乃至脾气性格都有关系，然而远大的理想抱负和广博的境界则是开阔胸襟的根本原因。

境界是可以后天修炼的，度量也是可以变化的，随着社会经历的日渐丰富和生活环境、社会地位的变化，度量也会不断发生变化。度量小的可能变得宽容大度，度量大的也可能变得小肚鸡肠。

俗话说：“最大的是心，最小的也是心。”心胸狭窄，只会使自己局限于一隅，难以有所建树。而对于一个想有所作为的人而言，唯有宽大容物才能成就自己。胸襟宽广，就能够团结一切可以团结的人，能够成就大事。正所谓有多大胸襟就有多大成就。

你可以不认同，但不必排斥

法国的启蒙思想家伏尔泰说："虽然我不同意你的观点，但我誓死捍卫你说话的权利。"这是西方人对尊重个体与尊重自由的呐喊。在东方，讲究的是包容，是海纳百川，是泽被万物，是儒家这一主体思想对外来思想的包容与融合，是接受彼此的差异，求同存异，是和谐共处。也正是因为这样，我们的文化几千年不断绝。

这世上的事物千差万别，人与人之间也存在着众多的差异，生活背景、生活方式、个性、价值观等的差异，让我们的相处也存在着或多或少的困难，无所谓希望或者失望、信任或者背叛，我们所能做的只能是相互尊重、相互包容、求同存异、真诚相对，而不必强求一致。

正是因为这种差异性的存在，在客观上便要求我们要做到求同存异，即在寻找双方相同点的同时，也要尊重双方客观存在的差异性，从而实现双方的合作。因此，要做到"求同存异"，尊重是基础，而且还需要有耐心、能包涵、心胸开阔。如果能将求同存异与取长补短、开诚布公协调运用，那么，不仅双方能表达

得更为舒畅，而且还能从中学到不少的新东西。

我们要逐渐学会求同存异，保留相同的利益要求，与人相处也要照顾别人的利益，在自己的利益与别人的利益之间求中间值，让自己的利益和别人的利益都得到实现。

如果我们不懂得求同存异，那么，我们就很有可能在面临差异与分歧的时候相互争斗，最终使双方都受到巨大的伤害。在生活和工作中，我们也该本着“求同存异”的原则与他人相处。寻找人与人之间的共同点往往是我们打造良好人际关系的开始，也是求同存异的前提条件，并且在共同点的基础之上相互尊重对方的差异性，只有这样才能与对方进行合作，并且最终取得双赢的局面。

能够包容他人才能被更多人接纳

五千年的中国历史其实就是一部包容发展的历史。中华民族能够长盛不衰，中华文明能够历久弥新，就在于我们的民族精神里闪耀着宽容大度的光辉。从汉朝昭君出塞与呼韩邪单于和亲，到文成公主千里入吐蕃与松赞干布成婚，从唐太宗对俘获的东突厥首领颉利可汗宽容以待，成就万国来朝的盛世气象，到而今我国加强国际贸易，呈现中国和善的国际形象……中华民族的历史无不闪耀着宽容的光芒。宽容大度的态度，一直是流淌在我们民族文化中的一股血液。正是这股血液，成就了中华民族的博大精神，成就了文化古国的永远年轻。正如张岱年先生所说，中国文化的特点之一就是宽容、博大。

世界发展到今天，一些国家、民族在地球上已经消失。而我们的祖国已经有五千多年的历史了，依然年轻而有活力，就是因为我们的文化是宽容的，我们的民族是宽容的，我们的思想是宽容的。可见，宽容有着多大的作用，对于国家、民族来说，宽容能使国家强盛、民族强大。对于个人来说，宽容能使一个人得到他人的信服和帮助，宽容能成就一个人伟大的理想。

“地势坤，君子以厚德载物”，大地因为宽广，才容得下山川草木、森林河流。一个君子就应该从大自然的启发中，培养自己宽广的胸襟，牢记“厚德载物”这一国学精华的古训。在现实生活中，用自己的一举一动践行“君子以厚德载物”的人生信条。

没有永远的敌人：学会妥协，力求共赢

英国前首相丘吉尔曾说过：“世界上没有永远的敌人，也没有永远的朋友，只有永远的利益。”这句话如果引申到商业中，就是说利益是现代所有商业合作的根基。合作是为了从市场中分得一杯羹，从而达到双方都比较满意的效果。因此，双赢成为现代企业合作的最佳状态。

2004年12月8日上午9点，联想集团宣布以12.5亿美元收购

IBM个人电脑事业部，收购的范围涵盖了IBM全球台式电脑和笔记本电脑的全部业务。这一为世人所瞩目的收购项目在经过13个月的并购谈判后终于画上了一个圆满的句号。

每一个人，都应该努力拼搏，争取一些对自己有用的东西，但是，努力争取并不代表蛮横抢夺，也不代表咬住不放，而是一种灵活掌握、进退自如的境界，因此，我们要善于退让。对于生活在复杂的社会中的我们来说，学会适时退让不仅不会影响到我们的工作效果，很多时候还会让我们的人格魅力得到更好的彰显，从而使双方都得到更多的利益，这就是双赢。小到一个人、一个企业，大到一个民族、一个国家，都应该学会在适当的时候善于退让，这样的人，才是有智慧的人；这样的企业，才是能够长久发展的企业；这样的民族，才是聪明的民族；这样的国家，才是伟大的国家！

学会退让就是要告诉我们：发展经济搞企业，不一定什么事情都非要非左即右，有时候适当给竞争对手留一条后路，适当做出一些让步也是一种策略，比如企业兼并、企业重组最终都是双赢的结局。商场上，今天是你的竞争对手，说不定今后会成为你的合作伙伴。不一定要把问题弄得那么僵，各自退一步，也许就能海阔天空，商场跟战场一样，不战而胜为上。在商场上不要把弦绷得太紧，人要留有余地，要站得高，看得远。在很多情况下，你说是“让利”，实际不是，而是共同取得更大的利益，是双赢。

单赢不是赢，只有双赢才是真正的赢。互利互惠才能双赢，这是与竞争对手寻求共同利益的最好办法。学会妥协，收获友谊，维护尊严，获得尊重。当与别人发生矛盾并僵持不下时，你就应该学会妥协。妥协并不表示你失去了应有的尊严，相反，你在化解矛盾的同时在别人心中埋下了你宽容与大度的种子，别人不仅会欣然接受，还会对你产生敬佩之情。让别人过得好，自己也能过得快乐。学会妥协，世界会因你而美丽！

应该为公共利益做些什么

宇宙间的一切生命都相依相存，为了生存，所有人都在争取着自己的利益。但是，我们每个人似乎都更应该问一问自己：我为公共利益做过些什么呢？

把一支优美的乐曲分割成一个个的音符，然后对着每一个声音自问：我是被它征服的吗？答案没有悬念，任何一个音符都很难在刹那间触动人的心弦，而当所有音符跳跃的节奏与心灵合拍时，紧闭再久的心门也会霎时敞开，这就是音乐的神奇魔力。

人与人就像音符与音符一样，完美的融合才能带来完美的效果。若我们只顾着个人利益而忽视了整体的和谐，动听音乐中尖锐而突兀的声音又怎么能给人美的感受？

世界上的事物都是互相联系、互为因果的，我们谁也不可能孤立存在，更不可能孤立地生存着。人与人之间天生存在着一种合作关系，这本是最简单不过的道理，不过越是简单的道理，却越容易令人忽视，很多人为了自己一时的利益而忽视了整体的公共利益，最终反而会失去更多。所以，个人利益是在公共利益得到保障的前提下实现的。

成功的人大多都有与人合作的精神，因为他们知道个人的力量是有限的。只有依靠大家的智慧和力量才能办成大事。合作可以加速成功，合作可以帮人走出困境。所以，凡事不要太计较，当你为大家的公共利益付出了自己的心血时，就一定会得到回报。

接纳伙伴的优缺点

建立良好的合作关系，还需要了解他人、包容他人。每个人都有自己的优缺点，在与人合作的过程中，你不可能只与他人的优点合作，当与他人的缺点发生冲突时，你应该试着去包容。

有一则哲理寓言故事：

有一天，沙漠与海洋谈判。

“我太干，干得连一条小溪都没有，而你却有那么多水，变成汪洋一片。”沙漠建议，“不如我们做个交换吧。”

“好啊，”海洋欣然同意，“我欢迎沙漠来填补海洋，但是我已经有沙滩了，所以只要土，不要沙。”

“我也欢迎海洋来滋润沙漠，”沙漠说，“可是盐太咸了，所以只要水，不要盐。”

结果谈判失败了，沙漠依然干旱着，海洋照旧是一片汪洋。

有时我们想得到一种东西，必须容忍它的缺点。

学会与别人合作有很多技巧，不是说你仅有一颗真诚的心就可以了。要与人合作必须了解别人，只有了解别人，才谈得上合作。只有对别人有了充分的了解，才能扬其长、避其短，使其有信心与你共事。

其实，了解别人也是一种能力，而不仅仅是一种态度。在很多情况下，我们都感情用事，不够理智，不懂得换位思考，这为我们带来了许多麻烦，所以我们每个人都应该以一颗包容的心，忍受别人不合理的行为，学会去欣赏并接受他们不同的生活方式、文化等方面。

请相信你的合作者

合作伙伴就得结成统一战线，齐心协力才能打败你们的对手。轻易怀疑你的合作伙伴等于是自乱阵脚，不战自溃。

灰兔在山坡上玩，发现狼、豺、狐狸鬼鬼祟祟地向自己走来，便急忙钻到自己的洞穴中避难。灰兔的洞一共有三个不同方向的出口，为的是在情况危急时能从安全的洞口逃离。今天，狼、豺、狐狸联合起来对付灰兔，它们各自把守一个出口，把灰兔围困在洞穴中。

狼用它那沙哑的嗓子，对着洞中喊道：“灰兔你听着，三个出口我们都把守着，你逃不了啦，还是自己走出来吧。不然我们就要用烟熏了，还要把水灌进去！”

灰兔想，这样一直困在洞里也不是个办法，如果它们真的用烟熏、用水灌，情况就更加不妙。忽然，灰兔灵机一动，想出了一个妙计。它来到狐狸把守的洞口，对着洞外拼命地尖叫，就像被抓住后发出的绝望惨叫声。

狼和豺听到灰兔的尖叫声，以为灰兔被狐狸抓住了。它们担心狐狸抓到灰兔后独自享用，不约而同地飞奔到狐狸那里，想向狐狸要回属于自己的那份。聚到一起后，狼、豺、狐狸忽然意识到灰兔可能是用了声东击西之计，便急忙又回到各自把守的洞口继续把守。它们哪里知道，灰兔趁刚才狼和豺到狐狸那里去的时候，早已飞奔出来，躲到了安全的地方。

灰兔把自己脱险的经过告诉了刺猬，刺猬说：“你真聪明，你是怎么想出这个妙计来的呢？”灰兔说：“因为我知道，狼、豺、狐狸虽然结伙前来对付我，但它们都有贪婪的本性，互不信任，各怀鬼胎，我正是利用了这一点。”

没有信任的团队，是无法形成强大的向心力和凝聚力的，在竞争中，他们总会被对手找到漏洞，各个击破，最后落得失败的下场。

如果你相信别人，别人也会相信你。你以什么样的态度或方式对待别人，别人也会以什么样的态度或方式来对待你。

信任是合作的基础，而相互合作的人就像战场上同一战壕的战友，你要相信你的战友。

没有信赖做基础，团队就会成为一盘散沙，这么做会对长期的利益造成损害。信赖是一种开放的格局，是人与人之间最重要的情谊，人们最值得骄傲的就是自己可以得到别人的信任，自己的所作所为能够无愧于心，并与人坦诚地沟通，去信任我们的“战友”，同时也让自己成为值得信任的人。

第四章

沉住气，成大器

忍辱负重，方成大业

“生当作人杰，死亦为鬼雄。至今思项羽，不肯过江东。”这是著名的女词人李清照赞颂西楚霸王项羽的一首诗，诗中虽然充满了豪情，但却难免给人英雄气短的感觉。试想一下，如果当年项羽能够忍受一时的屈辱，过得江东之后重整人马，那么历史很有可能被改写。

而他的对手刘邦，则将一个“忍”字发挥到了极致。刘邦为了将来的前程似锦，忍住浮华诱惑，锋芒暂隐，静待转机。这也许正是他最终胜出项羽的原因。

一个“忍”字的功夫怎生了得，它成全了刘邦，是刘邦成就霸业的重要一项。而在民心方面，项羽明显不如刘邦。项羽嗜杀成性，不管对方是否投降，一律斩杀。他曾在一夜之间，设计残杀了20万秦国降军。项羽因为此事而在秦国人民心中臭名昭著。

项羽残杀秦国兵士，刘邦却与秦地父老约法三章，谁是谁非，天下人自然明白。刘邦轻易便为自己赢得了百姓的信任，项羽虽然勇猛，但是做一国之君的话，尚显鲁莽。在这一节上，刘邦的功夫显然比项羽的功夫要到家。

随后，刘邦在“鸿门宴”中更是将“忍”刻在了心头。这一场心理战，决定了最后的结局。刘邦在得知项羽要进攻的时候，镇定地用谎言骗住了项羽，使得项羽给了刘邦一条生路。而项羽始终是轻敌的，尤其忽视了刘邦这个对手。他认为以刘邦的兵力，绝对不是他的对手。但是刘邦不跟他斗勇，刘邦喜欢斗智。

这就注定了项羽的悲剧命运。就勇猛来说，项羽力拔山兮气盖世；就智慧来说，项羽也不乏胆识与聪明；就实力来说，项羽是一代霸王，有过众望所归的气势。然而就是一个不能忍，破坏了全部的计划，影响了最终的结局，可见，忍字的力量无穷无尽。

小不忍则乱大谋，忍人一时之疑、一时之辱，一方面是脱离被动的局面，同时也是一种对意志、毅力的磨炼，为日后的发愤图强和励精图治奠定了一定的基础。而不能忍者，则要品尝自己急躁播下的苦果。

委屈才能求全

很多时候，暂时的败、一时的退、短期的弱对事业和人生来说都不一定是坏事。相反，它会为你的下一次进步积蓄冲击力。

为人处世要有退步的气魄，要学会退，以退为进。要学会委曲求全，始终相信纵然有一时的不如意，也终将成为过去。

只有委屈一时，才能让怒火消除，让人冷静处事，那么做错事的几率也就会降到最低。

退后一步，对事情进行“冷处理”，有助于缓和情绪，让问题得到更好的解决。“明日再来”这种处理一般官司的做法，是合乎人的心理规律的。经过一天的冷静，当事人都不再急躁，才能理智地对待所发生的一切。这种“冷处理”包含为人处世的高度智慧，把它用在生活中，会避免不必要的争执。

正如跳高、跳远，要退到后面很远的地方，起跳时才会有更强的冲击力。生活也是如此，退后一步，就是为了更好地前进。一时的委屈是为了永久的安然。忍一时的冲动，对人对己都有好处。当不愉快的事情发生后，退一步想，就会海阔天空。在实际生活中，不管你多么有能耐、多么无情，总是有人比你更有能耐、更加无情。拼个鱼死网破，倒不如后退几步，另求他路。

古往今来，以退为进者大有人在，卧薪尝胆，委曲求全，最终成大业者都经历过退步，才能干出轰轰烈烈的壮举。退后一步，即使一时处于低势，但在心灵上获得了某种轻松、潇洒的感觉，在精神上，做好了向前冲的准备。

切莫感情用事

酒是穿肠的毒药，色是刮骨的钢刀，气是下山的猛虎，怒是惹祸的根苗。愤怒就像决堤的洪水那样会淹没人的理智，让人做出不可思议的蠢事，甚至招来杀身之祸。

西方有句经典谚语：“上帝要想让他灭亡，必先使他疯狂！”忍字头上一把刀，忍耐会有痛苦；忍字下面一颗心，忍耐会受煎熬；忍耐就好似手刃自己的心，需要时间，等待伤口慢慢愈合；忍得头上乌云散，拨开云雾见阳光。

康德说：“生气，是用别人的错误惩罚自己。”的确，冲动就有这样的魔力，让人身不由己，敢做平时不敢做的事情，愿做平时不愿意做的事情，就好像失去理智的罪犯那样走上极端，亲手毁掉自身的幸福。

所以，每个人都不要轻易地冲动，学会忍耐，要把魔鬼赶走，用平常、平淡的心，理智地对待各种事情。

小不忍则乱大谋

小不忍则乱大谋，小不忍难成大器，这是中华民族五千年来的浓缩智慧。能成功者，不计较一城一池的得失，更不逞一时的口舌之快。笑到最后，才是笑得最好。能成功者，首先要能够付出，其次要能够承受，最重要的，是能够忍耐。武则天是中国历史上唯一的女皇，对于她的评判，历来毁誉参半。作为一名杰出的政治家，她的大气、豪迈，也令后来者为之赞叹。徐敬业在扬州造反时，骆宾王起草了《讨武檄文》，曰："昔充太宗下陈，曾以更衣入侍，洎乎晚节，秽乱春宫，潜隐先帝之私，阴图后房之嬖。……践元后于翚翟，陷吾君于聚麀。加以虺蜴为心，豺狼成性，近狎邪僻，残害忠良。杀姊屠兄，弑君鸩母。人神之所同嫉，天地之所不容。……试看今日之域中，竟是谁家之天下！"

如此谩骂攻击，连那些读檄文的大臣也为之色变，但是武则天却非常欣赏为文者的文采，竟询问檄文的作者是何人。当她知道是骆宾王时，叹道："如此天才使之沦为叛逆，宰相的过错呀。"没有如此慨然大气，恐怕武则天无论有多少雄才伟略、经世治国之才，也无法打破"女子不得干政"的天规铁律，将大唐江山牢牢握在手心。不与侮辱自己的敌人计较，并不是说要让自己毫无原则，而是要忘却侮辱带来的烦恼，化敌为友，展现自己的素养。

人与人的差别，有时在于如何对待受气，在于能不能承受"气"。自己不争气是因，别人气你是果。不从自己身上找原因，不自强自立，就改变不了受气的地位。当你成功时，情况就会不一样了。在非洲的草原上，有一种吸血蝙蝠。它的身体极小，但却是野马的天敌。这种动物专靠吸动物的血生存。它攻击野马时，就附在马腿上，用锋利的牙齿刺破野马的腿，然后用尖尖的嘴吸血。无论野马怎么发疯地蹦跳、狂奔都无法甩掉这种蝙蝠。蝙蝠可以从容地吸附在野马身上或是落在野马的头上，直到吸饱吸足后，才心满意足地飞去。而野马常常在暴怒、狂奔、流血中无可奈何地死去。

动物学家们在分析这一问题时，一致认为吸血蝙蝠所吸的血量微不足道，不至于会让野马死去，野马的死是由于它本身暴怒的习性和狂奔所致。不能忍者必然被焦虑、愤怒、抑郁等不良情绪困扰，导致情绪失控，其实最后受伤害的是自己。对于想成功的人而言，学会忍耐是必不可少的人生功课。俄国文学家屠格涅夫说：开口之前，先把舌头在嘴里转个圈，即动怒之前先不讲话，以缓和不良情绪。当需求受阻或遭受挫折时，可以用满足另一种需求的方式来减弱自己的挫败感，以发挥自身的优势，激发自信心。

坦然面对流言蜚语

古人云："口能吐玫瑰，也能吐蒺藜。"对于别人的妄言，如果我们不想被它所伤害，那就不要去理会它。

人生活在世界上，是非成败，都不免有他人说三道四，道短论长。有些人对那些无中生有的污蔑表现得异常激愤，甚至反唇相讥，其实那都是没有必要的。如果让这种攻击干扰了我们正常的心态和生活的秩序，是得不偿失的。

中外历史上的很多名人都受到过妄言的攻击，美国前总统罗斯福的夫人埃莉诺也一样，但她每一次都能泰然面对。她常常说：“避免别人攻击你的唯一方法就是，你得像一个有价值的精美的瓷器，有风度地静立在架子上。”这句话十分有道理，世间的事情都是复杂多变的，不可能也没必要样样事情都做到一丝不苟。对其他人不友好的言语攻击，不必太在意，事实会证明一切的。更何况别人攻击你，也说明你具有某种重要性，别人才会关注你、议论你、污蔑你。

小仲马的一位朋友对小仲马说：“我在外面听到许多关于你父亲大仲马的坏话。”

小仲马当即摆出了无所谓的样子，他回答：“这些事情都不必去管它，我的父亲大仲马是很伟大的人。打个比方说，他就像是一条波涛汹涌的大江，你仔细地想想看，如果有人对着大江小便，那根本就没有影响，不是吗？”

胸怀宽广的人在听到别人诋毁你的流言蜚语时，哪怕只有百分之一的正确，也应该再三客观地分析、判断。之后，只要认为自己的做法合理，站得住脚，那么就可以坚持到底，不必妥协。对于那些纯属恶意的人身攻击、诽谤、诋毁、中伤，也不妨装聋作哑，豁达大度一些。同事之间、邻里之间，或是萍水相逢的路人之间，都不免会产生些摩擦，或被对方说长道短，你如果也是斤斤计较，睚眦必报，就会激化矛盾，结果是于人于己都不利。如果能做到低调一点儿，麻烦、恼火、损失自然就会少得多了。

法国19世纪的文学大师雨果曾说过这样一句话：“世界上最宽阔的是海洋，比海洋宽阔的是天空，比天空更宽阔的是人的胸怀。”包容是人类的美德，是一种高尚的品质。正所谓：海纳百川，有容乃大。荀子认为：“君子贤而能容罢，知而能容愚，博而能容浅，粹而能容杂。”面对流言蜚语，宽容是最好的调解剂。

善用“老二哲学”

因为做老二，前面有一个可以追踪的目标，所以踏实；因为做老二，上面有一个执行的目标，所以集中；因为做老二，内心很宽容，所以祥和。很多老二就是转正成了老大，也还是能够谦虚克己。古代的皇帝，是名副其实的老大了吧，但也要想方设法当老二，没人可以排在前头了，于是就给自己造出一个“天”，自称“天子”。

历史上，曹操可谓是野心勃勃的人物，但是当有人让他称帝时，他说：“我不当皇帝，我当周公！”为什么？因为作为老二，进可攻、退可守。当诸葛亮出现在周瑜的面前时，周公瑾长叹一声：“既生瑜，何生亮？”因不甘自己的智慧屈居诸葛亮之下，结果年纪轻轻就命丧黄泉，留下千古遗恨。

古人云：天外有天，人外有人。也许在某一个时刻，我们会独占鳌头，享受到“王者至尊”的荣誉，但是世事多变，说不定何时，就有人超过我们的智慧，在我们之上，那时候，我们应该能够多退少进，多一点儿包容，学学“老二哲学”，能够屈居人下，这样，我们才有机会真正做到心平气顺，成为永远的“王者”。

动心忍性，增益不能

《孟子·告子下》中说：“天将降大任于斯人也，必先苦其心志，劳其筋骨，饿其体肤，空乏其身，行拂乱其所为，所以动心忍性，曾益其所不能。”一个“动心忍性”，将所有的屈辱都包含殆尽，为所有的忍耐立下了名目。一个修行者只有忍受得了不能忍受的侮辱，才能够静下心来，做到真正的大彻大悟。

法远圆鉴禅师在未证悟前，与天衣义怀禅师听说叶县地方的归省禅师有高风，便约好一同前往叩参。

适逢冬寒，大雪纷飞，酷寒无比。同参共8人来到归省禅师处，归省禅师一见，不由分说即喝骂驱逐，众人抱着修行的目的，不愿离开。归省禅师于是用水泼他们，一时间，几个人成了“水人”。其他六人不能忍受如此侮辱，认为不过是修行而已，何必如此，于是愤怒离去。

只剩下法远与义怀整衣敷具，长跪祈请不退。过了一会儿，归省禅师又喝斥道：“你们还不去，难道待我棒打你们？”法远禅师诚恳地回答道：“我二人千里来此参学，岂以一勺水泼之便去？就是用棒责打，我们也不愿离开。”

归省禅师点点头，应允二人去挂单，法远禅师挂单后，曾任典座（煮饭）之职，有一次未曾禀告，即取油面作五味粥供养大众。归省禅师知道此事后，训斥道：“盗用常住之物，私供大众，除依清规责打外，并应依值偿还！”说后，吩咐人打了法远禅师30香板，将其衣物估价后，悉数偿还已毕，就将法远驱逐出去。

法远禅师很是无奈，但是他的修佛之心很坚韧，仍不肯离去，每日于寺院房廊下立卧。归省禅师看见后又呵斥道：“这是院门房廊，是常住公有之所，你为何在此行卧？请将房租钱算给常住！”归省禅师于是要求值日僧给法远禅师追算房钱，法远禅师毫无难色，遂持钵到市街为人诵经，以化缘所得偿还。

事后不久，归省禅师对众教示道：“法远是真正参禅的法器！”并叫侍者请法远禅师进堂，当众付给法衣，号圆鉴禅师！

修佛之人眼里心里没有名利欲望，也没有怒气怨气，越是受辱之时，佛的宽广大度才越显得可贵。我们普通人如果能够做到这一点，那么，就一定能够心平气和，悠游处事。漫漫人生路，有太多的不如意，忍一时风平浪静，只要不忘记自己的最终使命，即使受辱于众，灰头土脸，你还是你。因此，有时候受辱并不妨碍你日后的“一飞冲天”，相反，受辱反而会把“一鸣惊人”映衬得更加精彩。

从另一个角度上说，愚、拙、屈、讷都给人以消极、委屈、无能的感觉，完全是一种弱者的表现，使人难以产生良好的第一印象，使人放弃戒惧或者与之竞争的心理，容易被忽视。但愚、拙、屈、讷有时能减少外界的压力，松懈对方的警惕，或使对方降低对自己的要求，而使自己轻松做事。

也因此，受辱之时的忍耐，才能突出人的境界，也才能体现人与人相处的智慧，才能够深刻表现“难得糊涂”的高超智慧。

矜而不争，周而不比

在那些拥有糊涂处世策略的人的哲学里，忍耐始终是第一选择。当自己处于劣势时，他们审时度势选择忍耐；当别人技高一筹时，他们选择忍耐而厚积薄发。在忍耐的过程中，他们在默默地修炼自己，提高自己。

与人相处，难免有高下之分，情绪有起伏也是常有的事。此时，我们不妨糊涂些、洒脱些，做到“冷眼观潮，任潮起潮落”，正所谓：“难得糊涂。”

然而，现实生活中却有很多人并不知道这个道理，无论什么事情，为了与别人一较高下，往往使尽浑身解数，用尽各种神通，结果浪费了人力物力，得不偿失。唐玄宗身边的李林甫、宋高宗身边的秦桧都是这样的人，然而这些祸国殃民的蛀虫，最终都身败名裂，为后人所不齿。其实，成人之美的人，把机会和利益给了别人，也得以保持了自己赠人玫瑰的快乐心境。

该妥协时就妥协

“绝不妥协”一词显示了人们的骨气，一直以来深为人们所称道。但是，凡事无绝对，这种处世原则也并非是放之四海而皆准的。老子曾说：“万物负阴而抱阳，冲气以为和。”阴阳本来是互不相容的两个矛盾体，然而自然界要想达到和谐，阴阳就必然要相容，同样，矛盾也是如此，如果想要解决问题，对立的双方就必须要大气，能容得了对方。特别是在社交中，我们更要有妥协的度量。

当与别人相处时，我们还需要一些理性的妥协。理性的妥协是消除“应激反应”、适应社会环境的一种健康的心态，更是人际关系中的一种良好的合作行为，就像是在两个不同的数字之间去寻找一个公约数。

但是，理性的妥协并不等于麻木、怠惰、迂腐和世俗，并不意味着放弃原则、一味地让步，而是一种宽容、忍让，是糊涂策略中的一项艺术。妥协是人在群体生活当中必须学会的一种技能。妥协需要一种高超的技巧。

妥协是人际交往中不可或缺的润滑剂，发挥着越来越重要的作用。比如在市场上，买家与卖家经过讨价还价，最终以双方的妥协而成交。

于个人来讲，妥协能够使人进退自如；于团队来讲，妥协能够沟通意见、团结同事，形成战斗力；于世界来讲，妥协能够求同存异、加深理解、达成共识，化干戈为玉帛。

生活中的事总会有些说不清道不明或不尽如人意的地方，但为了生活的微笑，为了缓解情绪，为了给人生航程“清淤”和导航，你不妨学会理性的妥协。

忍一时之气，免百日之忧

从某种意义上说，忍耐是美好人生的一种策略，忍一时之气，可免百日之忧。忍耐是一种弹性前进策略，就像战争中的防御和后退，有时恰恰是迎取胜利的一种必要操作。

汉高祖刘邦去世后，吕后临朝称制。匈奴单于冒顿本已很轻视刘邦，现在见一个妇人上台执政，他更加肆无忌惮，便想挑起战端。他派使者给吕后送去一封信，信上说：“孤独苦闷的君王，生于荒野大泽之中，长于旷野牛马蕃育的区域，多次到达边境，希望能游览中国。陛下独立，孤独苦闷孀居。两位君主都不高兴，也没办法让自己快乐起来，希望以我的所有，换你的所无。”

吕后见信后勃然大怒，于是，她召集群臣商议，要大举讨伐匈奴以雪此辱，以泄此恨。

吕后的妹夫樊哙率先请命道：“我愿带十万人马，横行匈奴之中。”

吕后大喜，季布却怒声叱道：“樊哙理应斩首！”

朝堂上的人都吓了一跳，季布如此大胆，竟要斩元勋国戚。

季布接着说：“当年高帝率三十万精兵讨伐匈奴，却被围困在平城七天七夜。那时樊将军也在军中，却无计可施。今日为何就能以十万人马横行匈奴之中呢？这不过是当面阿谀陛下，犯了欺君之罪，按律当斩。”

樊哙无言以对，其他众将也纷纷附和说，以高帝之英武，尚被困于平城，匈奴势力强盛，委实不宜挑起战端。

吕后见众将意见一致，回头细想也确实如此，便忍下这口恶气，退朝回到宫内，不再提讨伐匈奴的事了。

过后吕后为安抚单于冒顿，居然放下架子卑词婉转地写了一封和解信，说：“单于不忘我中国，赐给书信，我等国人都很恐惧，我自思自忖，身体老迈，气息也衰弱，牙齿也脱落得差不多了，走路的步子都不均匀，单于听信了传言，我实在不足以使您自污。我国无罪，应在您赦免之列。我有自己坐的车两辆、马八匹，送给您平时乘坐。”然后她派宦官张泽送去。

单于冒顿原以为汉朝一定会倾竭国力攻击自己，所以严加戒备，没想到等来的却是这般礼遇。再想想，如若自己与汉硬拼，实在也占不到什么便宜，便派使者送给吕后好马，回信说：“我生长荒野，没听过中国的礼仪，多亏陛下赦免了我。”便又和汉朝和亲。

吕后性格刚毅、心狠手辣，汉初三大功臣有两位死在她手上，即韩信和彭越。然而面对匈奴单于的侮辱和挑衅，她不但采纳众将的意见忍耐住了，而且还以谦卑的姿态回了一封信，倒使得冒顿心生惭愧，回信谢罪，并达成了和亲。吕后执政时边塞得以无事，民众得以休养生息，就是因为吕后能够忍下单于之气。

事物总是在不断地运动和变化，机会存在于忍耐之中。对于垂钓者来说，最重要的就是忍耐。大机会往往蕴藏在大忍耐之中，所谓“天将降大任于斯人也，必先苦其心志，劳其筋骨，饿其体肤……”就是这个道理。大丈夫志在四方，岂可为鸡毛蒜皮的小事而误了大谋！春秋末期最后一个霸主越王勾践卧薪尝胆的故事正好诠释了忍耐保全人生的要义——忍耐不是停止、不是逃避、不是无为，而是守弱、蓄积、迂回前进。当局势不可掌控之时，就要心平气和地接纳这种弱势，坚强地忍耐弱者的地位，在守弱的基础上累积实力、发愤图强，使自己脱离弱者的不利地位，并适时出击，争取赢得成功的机会。

懂得忍耐有利于成就事业，意气用事只会错失良机。面对别人的侮辱和伤害，我们没必要急急忙忙以对抗的方式来证明自己并非软弱可欺。路遥知马力，日久见人心，有效地忍耐，会使我们获得更多的收益。

学会约束自己的欲望

满足不在于多加燃料，而在于减少火苗；不在于累积财富，而在于减少欲念。

贪欲会使人的精力和体力双重透支。放下贪欲，追求平实简朴的生活，是获得快乐的最简单的方法。

当欲望过剩时，再大的胃口都无法填满，贪多的结果只会是无穷尽的烦恼和麻烦。学会接纳自己，欣赏自己，使自己从欲念的无底深渊中得到释放，这才是快乐的始发站。

人的欲望是永无止境的，而机会却总是稍纵即逝。假如对自己的贪欲不加控制，只会连原本可以得到的也失去，因此一定要把握人生中的每一个机会。

“人心不足蛇吞象”，如果每天都去注意自己的欲望是否得到满足，那么我们将时刻处在痛苦的煎熬之中。因为旧的欲望满足了，新的欲望又会出现，而且会一个比一个大、一个比一个难以满足。人生哪里还有什么快乐、幸福可言？

我们每个人都有欲望，但欲望太多了，人生就会变得疲惫不堪。每个人都应学会轻装前行，更应该学会知足常乐，因为心灵之舟载不动太多的重荷。

“人生减省一分，便超脱一分。”在人生旅程中，如果什么都减省一些，便能超越尘事的羁绊。一旦如此，人生便会更洒脱、自由。简言之，即一个人不要太贪心。明代思想家洪自诚曾说：减少实际应酬，可以避免不必要的纠纷；减少口舌，可以少受责难；减少判断，可以减轻心理负担；减少智慧，可以保全本真。不去减省而一味地增加的人，可谓作茧自缚。

人们无论做什么事，均有不停增加的倾向。其实，只要减省某些部分，有时能收到意想不到的效果。倘若这里也想插手，那里也要兼顾，就不得不动脑筋，过度地使用智慧，而这就容易促生奸邪欺诈。所以，只有凡事稍微减省些，才能回归本来的人性，即“返璞归真”。

在贫穷面前抬起头来

在贫穷面前，我们不必抬不起头，金钱给予我们的只是我们所需要的一小部分，我们还有很多值得追求的东西，物质上的贫穷并不代表人生的贫乏。而且贫困往往只是眼下的，因为你永远有选择现在就动手改变的机会。贫穷与暂时的负债对懦弱的人会产生一股强大的摧毁力，而意志坚定的人却认为这是对自己的磨炼。

困苦的环境，可以磨砺你的志气，也可能消沉你的志气。你如果不战胜环境，环境便战胜你。你因为受了冷酷无情的打击，便妄自菲薄，以为前途再无希望，听任命运的摆布，那么你的结局可想而知。而拿破仑绝不是这样，他认为世界上没有不可改造的环境，应尽力战胜先天的缺憾，不退却，不放纵。

与其把大好的时间和精力放在为“钱”的忧虑上，还不如打点行装、振作精神去为赚钱而做好准备，用良好的心态开创光明的前程。

第五章 宽容他人，就是善待自己

留有余地是一种理智的人生策略

我国古代有个叫李密庵的学者，写过一首《半半歌》，诗云："饮酒半酣正好，花开半时偏妍，帆张半扇免翻颠，马放半缰稳便。半少却饶滋味，半多反厌纠缠。百年苦乐半相参，会占便宜只半。"用现代的话来说，就是凡事要留有余地，不要不给自己和别人退路。

常留余地两三分，体现了人生的一种智慧。凡事留有余地，则自由度就增加。进也可、退也可，亲也可、疏也可，上也可、下也可，处于一种自由的境地，体现了一种立身处世的艺术。

常留余地两三分，这是因为，世界上的事变幻不定，常常有许多意想不到的不利因素产生。人外有人，天外有天。人不要总是赢人，要留一些给别人赢；不要老想占上风，要给别人一些尊严。这样，自己才能不断进步，人际关系才能更和谐。一句话，为人处世还是谦虚谨慎些的好。如果目中无人、骄傲自满，就容易碰壁、栽跟头。

世事无常，万事多留些余地，多些宽容。这是一条重要的做人准则。在你留有余地的同时，别人也会因此而受益匪浅。

好朋友不要如影随形、如胶似漆，不妨保持一点儿距离；对方是冤家也不要把人说得全无是处；对崇拜的人不要说得完美无缺；有错误的人不要以为他一无是处。不要以为自己的判断绝对正确，宜常留一点儿余地。

一幅画上必须留有空白，有了空白才虚实相间、错落有致。有余地才更加符合实际，才更加充满希望。当然，留有余地不是一种立身处世的圆滑，不是有力不肯使，也不是逢人只说三分话，而是对世界、对自己抱一种知己知彼的理性态度，是鉴于世界的复杂性和自身能力的有限性所采取的一种理智的人生策略。

为人处世以容人为上策

古人曾说：“得饶人处且饶人。”在生活中，如果我们一旦有争强好胜、锱铢必较的心理，就可能给自己招来不必要的烦恼、嫉妒甚至是仇恨。

包容是做人、处世的大智慧，也是和谐人际关系的一种润滑剂。尤其是在双方针锋相对时，如果以硬碰硬，无论胜负都会有所损失，倘若能够互相包容，就不仅会避免损伤，还能够将问题处理得很好。

在生活和工作中，我们每个人都难免会遇到不如意的事情。如果因为一点儿小事情就闷闷不乐，甚至大动肝火，这不仅会影响自己、影响他人，可能还会招致更多不必要的麻烦。所以，当我们在遇到不如意的事情时，一定要学会去适当地包容，不要与他人产生摩擦，要以一种平和的态度来面对。

人生在世，本就会有很多烦恼，如果再过多地与人计较，甚至与自己计较，总在为得失算计，那就失去了生活的乐趣。生活得不快乐，人生还有什么意义呢？所以要转变态度，包容他人。

为人处世，如果以严厉的态度、倨傲的性格对待别人，于人于己都不利，何必呢？正所谓：利人就是利己，亏人就是亏己，容人就是容己，害人就是害己。所以说：君子以容人为上策。

宽容是一种修养、一种德行、一种度量。如果人人都有宽容忍让的心态，那么这个社会肯定会变得更美好，人与人之间的关系也肯定会变得更和谐。

忧他人之忧，乐他人之乐

宋代朱熹有一句话："体谓设以身处其地而察其心也。"一语道出了将他人的处境纳入思考范畴的境界，这需要有很高的自身修养才能体会到，而我们平时熟稔于心的是"己所不欲，勿施于人"。其实，无论怎样表达，都说明了设身处地地为他人着想是一门人生必修的课程，它阐释着宽容、忍让、体谅等很多人生道理。

人不是单纯活着的动物，一生中会有很多美丽的邂逅，无论是擦肩而过还是结为金兰，我们都会永远深藏在心底。所以我们要珍惜每一次真挚的心跳，多为他人考虑一些，也好随着时间的推移，将尘封在心底的往事定格为最美的风景。

有人曾说："人世间最纯净的友情只存在于孩童时代。"这句话每个字眼里都透露着悲凉，谁能否认自己不渴望真情？其实，真情永远存在于人们的心中。不同的年龄对感情的态度不同，体悟感情的方式也不尽一样，但这过程里始终有一个不变的真理，那就是，如果你能把别人的处境纳入思考的范畴，那么你就会得到恒久的真情。

人与人的相处需要忘我的精神，你可曾发觉很多人说话的时候主语经常是"我"，如果我们都把对方当成主要的，事情定会是另一番景象。人是社会的动物，都需要一分温暖、一分关心、一分慰藉。当对方成功时，我们为何不给予真诚的肯定；当对方偶有失误时我们为何不选择包容，多站在对方角度上考虑一下。如果这样，这世界就不会再有嫉妒、责难，也不会再有人感到真情需要千呼万唤，因为它就围绕在我们身边。

爱因斯坦说："对于我来说，生命的意义在于设身处地地替人着想，忧他人之忧，乐他人之乐。"这是一种怎样宽广的胸怀，让他足以容纳他人的忧和乐，这本身就是一种慈悲、一种人生的大爱!

聪明的人遇事时为他人着想，因为他们知道当心中只有自己的时候，也可能把麻烦留给了自己；当心中有他人的时候，他人也就为自己留出了一条宽敞的大道。聪明人往往从别人的角度出发，先考虑到别人的不方便之处；他们对自己要求很严格，却也有足够的涵养不苛责别人；他们把做人的深髓哲理都赋予了行动。

人生就像春种秋收那样，随着四季的流转，不停地播种和收获。不一样的“播种”也将收获不一样的人生。你把目光投向大海，你将得到整个海洋；你把目光投向天空，你将得到整个天空。你用目光穿透黑暗，你也就会收获光明。你用目光温暖众人，你也将得到众生的恩宠。

愿你在生命中播种美好与幸福，在美丽的深秋收获金色的黄昏。让人生的舞台像心胸那样海纳百川，收获整个天地间的温情。

律己宜严，待人宜宽

宽容，是胸襟博大者为人处世的一种人生态度。总是对别人吹毛求疵的人，一定不是个受欢迎的人。

能容天下者，方能为天下人所容。据此看来，你若要彩虹，你就得宽容雨点，若是在雨点滴到身上的那一刻便勃然大怒，又怎么能在彩虹出现后用一种怡然自得的心情来观赏美丽的风景呢?

“宽以待人”既是一种待人接物的态度，也是一种高尚的道德品质，它能够化解人和人之间的许多矛盾，增强人和人之间的友好情感。同时，一个人如果能够养成“宽以待人”的优良品德，就一定可以在同他人的相处中，严格要求自己，宽容善待他人，不断提高自己的思想境界，使自己成为一个道德高尚的人。

有人说，世上只要有人的地方就有分歧，尤其是有“我”、有“你”，再加个“他”，你、我、他之间的纷争就更多了。所以，若能秉持“你好他好我不好，你大他大我最小，你乐他乐我来苦，你有他有我没有”这四句所包含的精神，人与人必能和谐相处。

指责只会招来对方更多的不满

动物王国的某公司里，狮子经理上任的第一天，便把前任经理的秘书斑马小姐叫到办公室，说：“你本身就够胖的，还成天穿着花条纹衣服，一点儿气质都没有，这样下去有损我们公司的形象。如果你还想当办公室秘书，就得换身衣服来上班。”

“可是，我……”斑马小姐刚开口解释，狮子经理便恼怒地一挥手，斑马小姐只好含泪离开了办公室。

狮子又叫来业务员黄鼠狼，并对它说：“你是业务骨干，为了体面地面对客户，从今天起，你不准放臭屁。”

“可是，我……”黄鼠狼刚要解释，狮子经理不耐烦地一挥手，黄鼠狼只好委屈地离开了办公室。

狮子又叫来会计野猪，嫌它獠牙太长。

第二天，狮子刚走进公司大门，发现公司里冷冷清清，原来公司的员工集体辞职不干了。

狮子经理的无端指责，不但没有获得它所想象的效果，反而因随意苛责别人，使大家都离开了它，使它成了“孤家寡人”。我们要记住狮子的教训，无论是在学校里还是在工作中，都不要轻易地指责他人。俗话说：“多个朋友多条道，多个敌人多堵墙。”

有的人有这样一个特点，无论他多么不对，他都宁愿自责而不希望别人去指责他。在你想要指责别人的时候，首先你得记住，指责就像放出的信鸽一样，它总要飞回来的。指责不仅会使你得罪对方，而且对方也必然会在一定的时候指责你。

学会接纳他人，容忍他人的缺点，是人生的一门重要课程，它有助于提高你的人格魅力。因此，树敌不如交友，批评不如赞扬，只要你不到处树敌，他人就乐于与你交往。懂得了这一点，对你成功做事、做人是很重要的。

自我反省得到他人的尊敬

我们每个人都有必要学会自省，因为学会自省就可以少犯错误，使自己的道德品质日臻完善，使自己做人做事更加机智圆满，使自己能正确认识自身的不足，并能客观、公正地评价自己。

我国古代思想家孔子的弟子曾子提出著名的“吾一日三省吾身”的自省修养方法。另外一位大思想家孟子则提出“自反”“反求诸己”，即经常反省自己的言行。《易传》把这称为“修省”的方法，以后的思想家进一步发展了这一思想，并提出“责己”的学说，相当于现在我们所说的“自我批评”。可见，我们要想成为一个有道德有修养的人，就需要经常反省自己的思想和行为。

高尔基认为：“自我批评是最严格的批评，而且也是最有益的。”我们应善于辨察自我意识和言行中的善恶是非，严于自我批评，及时改正自己的过错，更要敢于公开承认自己的错误，勇于揭露自己的不足。就像闻一多先生所说的那样：“我们倒不怕承认自身的‘弱’，愈知道自身弱在哪里，愈好在各人自己的岗位上来尽力加强它。”

“你可以有一点儿兴奋，但不要过于兴奋。从影50年，拍片35部，这固然是一种积累，也确实值得高兴。你一直在说自己最好的影片还没有拍出来，现在，留给你有力气拍片的时间还有多少呢？3年？5年？总之是不会再有50年了！所以，你不要过于兴奋，相反，你倒是需要有一点儿忧患意识，需要更强烈的只争朝夕的紧迫感。

“你可以有一点儿满足，但不要过于满足。你这50年，不也有许许多多的遗憾吗？你的电影业留下种种遗憾，这里有你自己的局限，也有种种无可奈何。所以，你不要过于满足，你应当看到这些遗憾，抓紧剩下的时间，拍出不遗憾或者少遗憾的新电影来。

“你可以有一点儿骄傲，但不要过于骄傲。有一点儿成就，也不是你一个人的。你要感谢几十年来你的老师、老领导、老朋友对你的关心、帮助和支持！你还要感谢时代，特别是十一届三中全会以来的20年，小平同志率领中国人民走上了改革开放的康庄大道，你才有了放开手脚真正施展的天地！这些，你不能忘记，你要珍惜！”

从谢晋给自己的这封信中，我们深深感受到一位老艺术家对祖国文化艺术事业的拳拳之心，字里行间，渗透着这位老艺术家对自身艺术生命高度负责的严肃态度。但在现实生活中，却有很多人会因光阴易逝而及时享乐、不求进取。但是，年过七旬，到了所谓“随心所欲，不逾矩”的年龄的谢晋，在功成名就引来无数赞美喝彩之际，依然如此清醒地严厉地审视自己，并面向未来执着地进取和追求，这种精神是值得我们所有人学习的。

事实上，自省的过程就是一个自我检讨、自我反思、自我监督、自我提高的过程。通过这个过程认识自己，打扫洗涤自己大脑中的“污垢”和“灰尘”。只有学会自省，才能静下心来客观公正地评价自己，从而清楚地认识到自己的缺点与不足，认识到自己的愚昧与无知，从而得到人们的尊重。

尊重他人就是要理解和包容他人

根据马斯洛的需求层次理论，尊重和自我实现的需要是人最高层次的需要。人们都有一种“身份”意识，希望得到他人的认可和尊重。更何况，照顾他人的感受是中国人的传统。只有尊重他人，才能赢得他人的尊重，别人才会跟你交朋友、做生意。

尊重他人将使我们变得更加宽容、乐观，与人更好地接触交流、精诚合作。相反，如果你自视甚高、目中无人、不顾及他人的尊严，总有一天会吃苦头。

美国诗人惠特曼说过：“对人不尊敬，首先就是对自己的不尊敬。”你希望别人怎样对待你，你就应该怎样对待别人。你尊重人家，人家就会尊重你。不尊重别人就会深深地刺伤别人的自尊心，并且让别人恼羞成怒，这样对自己也没有什么好处。与其如此，为什么不让我们换一种眼光，站在对方的位置上想问题，给别人一点儿尊重呢？尊重是人际关系的润滑剂，它能使许多问题变得更加容易解决。

面对别人的批评，我们要用诚恳的态度来接受；面对别人的过失，我们不妨多一些理解与宽容；面对别人的疑惑，我们不妨热情地伸出我们的双手。别人就是一面镜子，在尊重他人的言行里，我们可以照出自己的人格，也能照出自己的锦绣前程。

用刀剑去攻打，不如用微笑去征服

卡耐基培训班的一位学员说："我已经结婚18年了，在这段时间里，从我早上起来，到要上班的时候，我很少对太太微笑，或对她说上几句话。我是最闷闷不乐的人。

"既然你要我对微笑也发表一段谈话，我就决定试一个礼拜看看。因此，第二天早上梳头的时候，我就看着镜子对自己说：'威尔森，你今天要把脸上的愁容一扫而空。你要微笑起来。现在就开始微笑。'当我坐下来吃早餐的时候，我以'早安，亲爱的'跟太太打招呼，同时对她微笑。

"现在，我要去上班的时候，就会对大楼的电梯管理员微笑着说一声'早安'。我以微笑跟大楼门口的警卫打招呼。我对地铁的出纳小姐微笑，当我跟她换零钱的时候。当我到达公司，我对那些以前从没见过我微笑的人微笑。

"我很快就发现，每一个人也对我报以微笑。我以一种愉悦的态度，来对待那些满肚子牢骚的人。我一面听着他们的牢骚，一面微笑着，于是问题就更容易解决了。我发现微笑带给我更多的收入，每天都带来更多的钞票。”

微笑是人的宝贵财富，微笑是自信的标志，也是礼貌的象征。人们往往依据你的微笑来获取对你的印象，从而决定对你的工作所持有的态度。只要人人都献出微笑，工作将不再感到困难，人与人之间的沟通将变得十分容易。

现实的工作、生活中，一个人对你满面冰霜、横眉冷对，另一个人对你面带笑容、温暖如春，他们同时向你请教一个工作上的问题，你更欢迎哪一个？显然是后者，你会毫不犹豫地对他知无不言，言无不尽；而对前者，恐怕就恰恰相反了。

有微笑面孔的人，就会有希望。因为一个人的笑容就是他传递好意的信使，他的笑容可以照亮所有看到它的人。没有人喜欢帮助那些整天愁容满面的人，更不会信任他们；很多人在社会上站住脚是从微笑开始的，还有很多人在社会上获得了极好的人缘，也是从微笑开始的。

任何一个人都希望自己能给别人留下好印象，这种好印象可以创造出一种轻松愉快的气氛，可以使彼此结成友善的联系。一个人在社会上就是要靠这种关系才可立足，而微笑正是打开愉快之门的金钥匙。

有人做了这样一个有趣的实验，以证明微笑的魅力：

他给两个人分别戴上一模一样的面具，上面没有任何表情，然后，他问观众最喜欢哪一个人，答案几乎一样：一个也不喜欢，因为那两个面具都没有表情，他们无从选择。

然后，他要求两个模特儿把面具拿开，现在舞台上有两张不同的脸，他要其中一个人愁眉不展并且一句话也不说，另一个人则面带微笑。

他再问每一位观众："现在，你们对哪一个人最有兴趣？"答案也是一样的，他们选择了那个面带微笑的人。

如果微笑能够真正地伴随着你生命的整个过程，这会使我们超越很多自身的局限，使我们的生命自始至终生机勃勃。

用你的笑脸去欢迎每一个人，那么你会成为最受欢迎的人。

放大镜看人优点，缩微镜看人缺点

在现实生活中，我们不可以把别人身上的缺点无限扩大、动不动就责怪他人。对于别人身上的优点，也不能以"这有什么了不起"为由来对其嗤之以鼻。这种现象其实是非常可悲的。因为当一个人以刻薄小气的胸襟为人处世时，他决不可能有什么出息。一个用"缩微镜看人优点，放大镜看人缺点"的人，也不会获得美好的友谊和得到别人的帮助。

生活中，我们要善于发现别人身上的优点而不是缺点，努力学习别人的优点，这才是正确的行为。也只有以这种"放大镜看人优点，缩微镜看人缺点"的心态，才能有宽广的胸襟，才能赢得别人的敬重和取得成功。

美国著名的人际关系学家卡耐基和许多人都是朋友，其中包括若干被认为是孤僻、不好接近的人。有人很奇怪地问卡耐基：“我真搞不懂，你怎么能忍受那些老怪物呢？他们的生活与我们一点儿都不一样。”卡耐基回答道：“他们的本性和我们是一样的，只是生活细节上难以一致罢了。但是，我们为什么要戴着放大镜去看这些细枝末节呢？难道一个不喜欢笑的人，他的过错就比一个受人欢迎的夸夸其谈者更大吗？只要他们是好人，我们不必如此苛求小处。”

在现实生活里，我们应该学会以一种宽阔的胸襟来对待别人的缺点和过错。学会“容人之长”，因为人各有所长，取人之长补己之短，才能相互促进，学习才能进步；学会“容人之短”，因为金无足赤，人无完人。人的短处是客观存在的，容不得别人的短处就只会成为“孤家寡人”；学会“容人之过”，因为“人非圣贤，孰能无过”。历史上凡是有所作为的伟人，都能容人之过。

朋友们，当我们拥有“以放大镜看人优点，以缩微镜看人缺点”的大胸襟时，我们便拥有了众多的朋友，拥有了无尽的帮助，也拥有了通向成功的门票。

不因偶尔的过错就丧失对朋友的信任

朋友间的相处，伤害往往是无心的，帮助却是真心的，不要因朋友偶尔的过失而失去对他的信任。

在一个小镇上有一个出名的地痞，整日游手好闲，酗酒闹事，人们见到他唯恐躲避不及。一天，他醉酒后失手打伤了前来上门讨债的债主，被判刑入狱。

入狱后的地痞幡然悔悟，对以往的言行感到十分懊悔。

一次，他成功地协助监狱管理人员制止了犯人的集体越狱出逃，获得减刑的机会。

地痞（原谅这样继续称呼他）从监狱中出来后，回到小镇上重新开始生活。他先是想找个地方打工赚钱，结果全都拒绝用他。食不果腹的地痞又来到亲朋好友家借钱，看到的都是一双双不相信的眼光，他那一点儿刚充满希望的心，开始滑向失望的边缘。这时，地痞少年时代的朋友听说了，就取出了1000元送给他，地痞接钱时没有显出过分的激动，他平静地看了一眼昔日的朋友后，消失在镇口的小路上。

数年后，地痞从外地归来。他靠1000元起家，苦命拼搏，终于成了一个腰缠万贯的富翁，不仅还清了亲朋好友的旧账，还领回来一个漂亮的妻子。他来到了昔日的朋友家，恭恭敬敬地捧上了2000元，然后，流着泪说道："谢谢你！你是我真正的朋友，是你的信任给了我站起来的勇气。"

信任是最好的支持，它是对人性的肯定，它对人的帮助在于心理上支持与认同，其意义超过了金钱的支援。真正的朋友经得起任何狂风暴雨的打击，请不要因为朋友对你的态度一时冷淡或是朋友一时的过错而失去了对朋友的信任。你若能对朋友坦诚相待，你真正的朋友必然会以最大的忠诚回报你。

有两个朋友在沙漠中旅行，在旅途中他们吵架了，一个还给了另外一个一记耳光。被打的那位觉得受辱，一言不发，在沙子上写下：今天我的好朋友打了我一巴掌。他们继续往前走。直到到了沃野，他们决定停下。被打巴掌的那位差点儿淹死，幸好被朋友救起来了。被救起后，他拿了一把小剑在石头上刻了：今天我的好朋友救了我一命。

一旁的朋友好奇地问道：为什么我打了你，你要写在沙子上，而救了你却要刻在石头上呢？另一个笑着回答说："当被一个朋友伤害时，要写在易忘的地方，风会负责抹去它；相反，如果被帮助，我们要把它刻在心灵的深处，在那里任何风都不能磨灭它。"

或许，朋友对你的伤害是无意间造成的，朋友间有了裂痕就需要用宽容来弥合。信任是伸向失望的一双手，一个小小的动作能改变一个人的一生。不要因偶尔的过错就失去对朋友的信任，宽容你的朋友吧，说不定在你的身边会出现奇迹。

容人小过，不念旧恶

古人说，"水至清则无鱼，人至察则无徒。"还有句话说得好：人无完人，孰能无过？过而能改，善莫大焉。人不是圣人，谁都会犯错，只要不是一些原则性的大错，我们就没有必要太过计较。何必因为一些鸡毛蒜皮的小事而生气烦心呢？糊涂点儿才是真聪明。

容人小过，不仅因为多数人或迟或早会有这样那样的过失、短处，而且是因为除了不可救药的人，都可以做到“过而能改”、不自甘堕落。换言之，容人小过，也是在为“过而能改”的人创造改过的条件。这样才能获得别人的尊重。容人小过，不念旧恶，这就是我们每个人都应该遵守的一条社交法则。

要成人之美，不成人之恶

《论语·颜渊》篇说：“君子成人之美，不成人之恶，小人反是。”这体现了浓厚的“仁者爱人”和“与人为善”的宽容气度。同时也显示了儒家思想中非常鲜明的是非观：好的就要鼓励，坏的就要制止。更显示了儒家“已欲立而先立人，已欲达而先达人”的博大胸怀。

生活中，大凡是好事情、好愿望，如果你有能力帮助，就应该伸出热情的手，给予支持，使之功成名就。这种帮助可以说是“成人之美”，而“成人之美”的“君子”行为，都是得人心、受欢迎的。因为这是一种高尚的行为，是助人为乐、利人利众的表现。

在人际交往中，要真正做到成人之美，就要关心他人、重视他人、帮助他人，为别人提供方便，使他人得到心理上的满足。成就别人也等于成就自己，成人之美，不仅使他人受益，同样也使自己受益。

1842年，达尔文开始着手写他的鸿篇巨制《进化论》。由于他是一个非常严谨的人，所以直到1858年他还在写这部书。他的朋友赖尔和虎克提醒他要加快速度，否则会有别人捷足先登的，达尔文一笑置之。他是一个非常严肃认真的科学家，他要使自己的理论尽可能完善、严谨。

后来事情的发展果然被朋友言中了。1858年夏天，达尔文收到一位叫华莱士的年轻人寄来的一篇论文，年轻人在论文中提出了与达尔文的进化论完全相同的观点。在附言中，华莱士请他所尊敬和信赖的科学家达尔文将论文推荐给赖尔，赖尔正是提醒过达尔文的朋友。尽管达尔文比华莱士提前10年研究这个问题，而且也早已写出了完全可以表达自己观点的大纲，但他还是热情地将论文推荐给了他的朋友，并且放弃了自己的大规模写作。他的朋友认为这不公平，但他不以为意。当华莱士知道事情的真相后，非常感动，甘愿让出进化论创始人的位置。

两位科学家的胸襟不能不让人折服，他们都是君子。

成人之美的举动，是值得颂扬和赞美的。不过，成人之美者，要有一双明辨是非的眼睛。如果别人的愿望是正确且有益于集体的，我们就应该帮其实现；如果别人的愿望只是为了自己获名获利同时又损人损公时，我们就应该坚决阻止并劝其放弃，使其改过从善。

与他人争执时，懂得后退一步

生活中，当我们与他人发生争执时，要懂得后退一步，正所谓“退一步海阔天空”。

人与人出现矛盾时，正确的做法应是“求大同，存小异”“大事化小，小事化了”，以互谅互让的态度而不是用争辩的方法去处理。

有争执时，让步是一种修养。

社会中，人与人之间应相互理解、相互尊重，尤其是在与人讨论、交谈时，对于别人的见解，我们不应轻易否定，即使其见解与你相左。如果能够做到理解别人、体贴别人，那么就能少一分盲目。

要善于发现别人见解的正确性，只有这样，才能多角度地看问题，才会发现固守自己的思维定式，有时显得多么无知和可笑。因此，无论何时都要注意，别听到不同的观点就怒不可遏。通过细心观察，你会发觉，也许有错误的人是你，你的观点不一定都与事实相符。

在人际交往中，让步是一种常用的处理问题的方式，它不是懦弱、失去人格的表现，而是一种修养。

让步其实只是暂时的退却，进一尺，有时就必须先做出退一寸的忍让。

主动让“道”是一种宽容，是在人际交往中有较强的相容度。相容就是宽厚、容忍、心胸宽广、忍耐性强。

想避免出现僵局，一种有效的办法是说句“我们俩都是对的”，然后再转向比较安全的话题。

不管什么情况，无谓的争执就是浪费时间。只要能避免徒劳无功的争执，人人都是赢家。

你对待别人的态度，决定了别人对你的态度

人与人的关系常常是微妙的。有时候，你对一个人不满，甚至是对他有些厌烦，但是你并不希望他能够感受到你对他的不满或者厌烦，还希望他能够在不发现的前提下把你当成朋友。事实上，这种情况几乎是不存在的。我们常说，人与人之间的关系是相互的，你不喜欢别人，别人会有感觉。你很希望与一个人成为朋友，也许他同样受着你的吸引。

这样说来，在处理人际关系时，我们就没有权利去抱怨那些对待自己不友善的人了。在舞会上，如果我们受到了别人的冷落，就应该想一想，自己是不是也同样没有将目光投放在别人的身上，却还过多地希望得到别人的关注？在生病的时候，身边没

有人对自己表示关怀，是不是我们也在别人生病的时候表现出了冷漠，伤害了别人渴望友情的心……

我们之中总有那么一些人，常常以自我为中心，只看到别人是怎么对待他的，却从来不去想自己是怎么对待别人的。有什么事情求朋友，从来都不会想别人是否有空，是否有更重要的事情去做，或者朋友已经很累了一旦朋友拒绝了他的请求，他就觉得自己受到了伤害，朋友没有为他着想。我们每个人都有自己的生活，朋友也有自己的生活，没有人是单单为了某一个人而存在的。当我们感受到了朋友的冷落的时候，不要总是想着责怪，而是要从自身开始检讨，看看自己是否做了过分的事情。因为你如何对待别人，别人也怎样对你。

维护友情，需要的是相互理解、相互体谅、相互包容的心。如果只从私利出发去要求别人，那么无疑你会招致别人的反感。在生活中，我们也常常会听说“什么样的人会交什么样的朋友”“不是一家人不进一家门”之类的话，其实就是将人以群分，这告诉我们，你怎样经营你对别人的感情，别人也会以同样的方式来对待你。

第六章

聪明做人，不妨糊涂点儿

恰到好处，才是最好

量变引发质变，有时候，在一件事情上太执着，未必能得到想要的效果，凡事太过钻牛角尖，有可能把自己逼入死胡同。

在现实生活中，许多人往往不能控制自己的情绪，有时候过分钻牛角尖，并且遇到不顺心的事，要么“借酒消愁”，要么发泄在家人或朋友身上，这些都是错误的做法。

那么，怎样才是正确的做法呢？

首先，要学会理智处事，沉不住气时反复提醒自己要以理智的心态来控制自己的情绪。

其次，要学会苦中求乐，善于在生活中寻找乐趣，多参加一些自己感兴趣的活动，把生活安排得丰富多彩，让自己活得有滋有味。

再次，要学会广交朋友，遇到挫折、失败之事，不妨找知心朋友谈谈心。

最后，要学会巧妙地应付各种复杂多变的环境，以保持心理平衡，维护身心健康。

人生在世，能做到精益求精固然很好，但过分专注难免顾此失彼。

世界那么大，我们的能力也有限，过分苛责自己实在没必要，累的时候试着“糊弄”自己吧，感到舒服的时候就停在这里。恰到好处，才是最好。

形醉而神不醉，外愚而内不愚

若愚者，即似愚也，而非愚也。所以“若愚”只是一种表象、一种策略，而不是真正的愚笨。在“若愚”的背后，隐含的是真正的大智慧、大聪明、大学问。真正具有大智慧、大聪明的人往往给人的印象总是有点儿愚钝，所以中国才有了“大智若愚”这一说。

糊涂与清醒，是糊涂一些好还是清醒一些好呢？一般的答案都是后者。可糊涂学却提倡前者。

当然，如果一个人内心本来很清醒，却让他在表面上装糊涂，这确实是件很困难的事，非有大智慧者不容易办到。而做到了这一点，就是所谓的“清醒之糊涂”了。

“大智若愚”不是故意装疯卖傻，不是故意装腔作势，也不是故作浅显、故弄玄虚，而是待人处世的一种方式、一种态度，即遇乱不惧、受宠不惊、受辱不躁、含而不露、隐而不显，看透而不说透，凡事心里都一清二楚，表面上却显得不知、不懂、不明、不断。

有时候运用糊涂的技巧，会有很多意想不到的收获，也不失为保护自己的手段。细数古今中外，无论是军事、外交、管理，其实都用得着该糊涂时就糊涂的方法。所以对聪明人来说，正确的态度应该是什么呢？那就是“该清楚时就清楚，偶尔也要装糊涂”。内心本来是“清清楚楚”的，有时为了实际的需要，在外人面前却表现出随遇而安的姿态，也许这更加有助于达到“圆通”的境界，这也是一种出色的人生智慧。

睁一只眼闭一只眼

将“糊涂”活学活用到生活中，也就是“睁一只眼闭一只眼”，成语叫作视而不见。对有些事情，你看见了，你可以当作没看到。这样可以避免不必要的麻烦。

生活中也是这样。俗话说得好：人无完人。每个人都有自己的缺点和不足。在人与人的交往中，如果我们总是睁大眼睛，就像显微镜一样观察、计较别人的缺点和不足，那么，我们永远不会满意，我们会嫌弃、厌恶别人，会处理不好与同学、同事、朋友、亲人、爱人的关系，会破坏起码的团结，会失去朋友甚至失去亲人和爱人。如果我们闭上一只眼睛，以一分宽容的心看待别人的缺点和不足，给别人一分信心，给自己一分轻松，生活就变得可爱多了。

以糊涂之道还治糊涂之人

有的人之所以有烦恼，就是因为他太执着，为一些无关紧要的小事斤斤计较。其实很多事情，较真了又能怎样，论理论不出两重天，说真说不出二番理。

古今中外，凡是能成大事的人都具有一种优秀的品质，那就是豁达而不拘小节，大处着眼而不目光如豆，从不斤斤计较、纠缠于非原则的琐事，能容人所不能容，忍人所不能忍，善于求大同存小异，团结大多数人。他们极有胸怀，所以他们才能成大事、立大业，使自己成为不平凡的伟人。

很多人之所以事事较真，也许只是一种不能容忍不完美的心态在作怪。但实际上，在人际交往中，别人不可能完全按照我们的意思来与我们沟通，因此，以自己的需求来要求别人，未免有些不近人情，同时，最后也会失去别人对自己的信任和理解。

生活中如果听到有人毫无道理地非议自己，完全不必理睬。只要自己能自由自在地按自己的方式生活，又何必让别人的意见来左右自己呢？

因此，我们说：有些事情不必太认真。人非圣贤，孰能无过。与人相处就要互相谅解，经常以“难得糊涂”自勉，求大同存小异，能忍耐，有度量，你就会有许多朋友，且诸事遂愿；相反，如果你过分挑剔，眼里容不得半粒沙子，什么鸡毛蒜皮的小事都要论个是非曲直，人家也会躲你远远的，最后，你只能关起门来做“孤家寡人”了。

因此，无论在什么样的场合，我们都不能对遭遇的事情过于较真，不能对所遇到的人过于较真，不妨糊涂一下，宽大为怀，将其当作眼前浮云即可。

不是聪明得太快，而是糊涂得太迟

生活中往往有许多意想不到的事情，如果事事较真，往往会在心里产生少许挫折感，倒是折中一下比较好。折中能促成完满的人际关系，化解各种矛盾。

人们常称赞一举两得、两全其美的举措，是因为这些举措排除了产生的负面效果，直接达到了预期的目标。有人询问一位办事高手：“如何才能办好每件事？”高手答道：“也没有什么，只是折中罢了。”这“折中”二字可使我们在生活中受益良多。

在很多场合，若总是拍着胸膛理直气壮地叫嚷：“我眼里揉不得沙子。”不肯放过每一个可以显示自己聪明的机会，张口就是应该怎样怎样，不应该怎样怎样，遇事总是喜欢先用一种标准来判断一下对与错，结果只会是费力不讨好，原因就是不懂得难得糊涂的道理。

记住该记住的，忘掉该忘掉的

两个一起跑步的人，跟在后面的总会觉得累些；社会在发展，如果跟不上节奏当然会觉得累；想干的事情很多，做过的梦也很多，可是什么也没有做成，于是觉得累；睁开两眼忙忙碌碌，闭上双眸又不堪重负，人生看不到希望和光芒，于是感叹心累了。

心累到底是什么？是无可奈何花落去，是一个人为更多的个人自由而付出的沉重代价。对名利的追求、对社会地位的渴望等等，都会造成自身的不快，于是就有了心累的感觉。

人之所以会心累，就是追求的太多。人生在世，不可能事事如意。有些人常常觉得自己很不幸，其实世界上还有比他们更痛苦的人。人之所以会心累，就是“记性”太好，该记的、不该记的都会留在记忆里。而我们又时常记住了应该忘掉的事情，忘掉了应该记住的事情。

感到心累的人，往往修养不够，没有一定的承受能力。硬要把单纯的事情看得很严重，把简单的东西想得太复杂，所以会很痛苦。

不快乐的人之所以不快乐，就是计较得太多。看到别人过得幸福，自己就有种失落和压抑感。其实他们只看到了表面现象，或许快乐的人也有其辛苦之时。人人都在追求高品质的生活，人人都想得到自己想要的东西，人人都在为了自己的目标忙碌着、奋斗着，得到了，开心一时；得不到，也不需痛苦一世。

世界上没有完美无缺的东西，不完美其实才是一种美，只有在不断地争取、不断地承受失败与挫折时，才能发现快乐。

人之所以不知足，就是有着太多的虚荣心。俗话说，知足者常乐，人不是因为拥有的东西太少，而是想要的东西太多。

人之所以会心累，就是不知足。每个人对幸福的感觉和要求都不相同，一个容易满足、懂得知足的人就不会心累。曾经看到过这样一句话："幸福就如一座金字塔，是有很多层次的，越往上幸福越少，得到幸福相对就越难；越是在底层越是容易感到幸福，越是从底层跨越的层次多，其幸福感就越强烈。"幸福其实就是一种期盼，一种心灵的感受。

身体累不可怕，可怕的就是心累。心累就会影响心情，会扭曲心灵，会危及健康。其实每个人都有被他人所牵累、被自己所负累的时候，只不过有些人会及时地调整，而有些人却深陷其中。在这个充满竞争的社会里，有太多的难题和烦恼，要活得一点儿不累也不现实。

所以要学会适应，把手里的东西放下，不必过分在意别人的看法，不要把别人的行为结果当作自己的追求目标。只有这样，才能体验到生活本身的意义与快乐。

吃糊涂亏，享无穷福

有人说：人不为己，天诛地灭。宁愿吃亏，而且还认为吃亏是福，或许只有精神不正常的人或者傻到极点的糊涂人才会这么认为。吃了亏不发怒、不伺机报复已是不错了，还要让人认定这是一种福气，乍一听，实在说不过去。其实，强调“吃亏是福”，是对小事的不计较，也是心安理得、心境平和的自在，是吃小亏避大亏的智慧。

路径窄处，留一步与人行；滋味浓处，减三分让人尝。特别当残酷的现实需要我们做出舍弃与牺牲时，如果我们能够坦然处之，吃“眼前亏”，舍弃和牺牲某些利益，学会“糊涂”一些，不去计较太多，失去的大多是物质的和暂时的。吃这样的亏会让我们的生活静好，来去自如，逍遥自在，让心境平和。

常言道：“人吃亏，人常在。”吃亏不是不求索取，不是没有追求，不是无所作为，而是一种坦然，坦然面对人生中的得失和追求；是一种豁达，豁达面对人生中的索取；是一种超越，超越于别人忙于追名逐利，自己仍然保持的宁静和明智。如果在得失面前，保持一种超然的心态、淡泊的情怀，就会有一分清醒、一分思考、一分期待、一分坚持。因此，吃亏也是一种修养、一种气质、一种境界。

反之，一点儿亏也吃不得，处处想占便宜的人，虽然处处争得自身利益，争得高高在上，最终则必将众叛亲离，孤立无援，为众人所遗弃。当然，我们并不主张做浑浑噩噩、不知所为的庸者，我们要在收获与付出、得与失的理性中去赢取团结合作的成功。因此只有不怕吃亏的人，才能与人和谐共处，才能赢得众心归，才能有权威，才能有所作为。

在实际生活中，越是不肯吃亏的人，越是可能吃亏，而且往往还会多吃亏，吃大亏。所以说，天底下没有免费的午餐，同样也没有白吃的亏。吃亏就是耕耘，为了希望种子的撒播；吃亏就是播种，为了夏季艳丽的花朵；吃亏就是浇灌，为了秋天丰硕的收获！

吃亏是福，是人生的一种达观大度，内中蕴含着丰富无穷的人生哲理，它不仅仅需要细细咀嚼，更要努力实践。如果真能做到，人生定会有一道色彩斑斓、醉人迷眼的亮丽风景，身在其中，其乐融融，其福无穷。

糊涂比聪明更显智慧

有一道题：如果让你漂流到一座荒岛，只能带三样东西，你会带什么？有的人回答：一棵柠檬树、一只鸭子、一个傻瓜。为什么不带聪明人而带傻瓜呢？因为聪明人会砍掉柠檬树，吃掉鸭子，甚至最后害了主人；只有傻瓜，才能执着地拼命做事。生活中，人们需要这种傻瓜精神，傻瓜精神是一种静心的处世方法，有傻瓜精神的地方往往会发生奇迹。

聪明难，糊涂更难，聪明是一种艺术，然而聪明过头反而会招致不必要的损失，所谓聪明反被聪明误即是此理。糊涂不仅是一种艺术，更是一种真正的人生大智慧。

世界上聪明的人不多，估计十个中只有一个，而智者更为罕见，估计百里无一。在现实生活中，不愿意吃亏的总是聪明人，而愿意“吃亏”的是智者。

聪明人与别人共事总能保全自己的眼前利益，而智者则更多看重的是长远利益；聪明人能把握机会，知道自己什么时候该出手，而智者知道什么时候该放手。所以拿得起来的是聪明人，放得下的是智者。

聪明能获得很多知识，而智慧让人更有文化。反过来，一个人知识越多越聪明，而文化越多越智慧。聪明人喜欢处处逞强，高人一等；而智者则喜欢更多示弱，含而不露。因为他知道示弱不仅是一种智慧，亦是一种力量，智者常常是以出世的心态做入世的事情的人。

聪明人总喜欢把自己闪光的一面展现出来，也就是所谓的脱颖而出。比如在一个聚会里聪明人嘴忙，往往侃侃而谈，因此是茶壶；而智者耳忙，注意聆听别人，因此是茶杯。茶壶里的水最终要倒进茶杯里。

聪明人常常因为左右逢源而显得热闹，而智者往往因为甘于淡泊而显得冷清。前者赚来的是一时的人缘，而后者更能长久地赢得人心。

聪明多数得益于遗传，而智慧更多靠修炼。聪明靠耳朵、靠眼睛，所谓耳聪目明；而智慧靠心，所谓慧由心生。聪明能带来财富和权力，智慧能带来快乐。因此聪明人往往有更多技能，而现实中这些技能只要机缘巧合，就能转化为财富和权力；但是财富、权利与快乐很多时候不能成正比，因为快乐来自人心。因此求才求聪明容易，若求脱离烦恼，非修智慧不可。

洞明人生，难得糊涂

懂得“糊涂”、会随遇而安的人眼光远大、胸怀宽阔，把世间的一切变化都看得很平常、很自然。这样的人心理必然平衡，平时笑口常开，自然健康长寿，生活愉快幸福。

郑板桥写的“难得糊涂”的字幅上，有他题的一行款跋：“聪明难，糊涂难，由聪明而转入糊涂更难。放一着，退一步，当下心安，非图后来福报也。”这行款跋，当是郑板桥对“难得糊涂”的解释，即对自己处世哲学的一种解释。

从字幅上标明的日子看，字幅写于乾隆十六年，当时郑板桥正在山东潍县当知县。一向正直、率真、清正廉明的郑板桥在当时黑暗的官场上举步维艰，常常受到恶势力的嘲讽、刁难。他一面以嬉笑怒骂来抗争，一面又彷徨悲观，产生了出世思想。这时他的情绪是压抑、苦闷、孤独、自嘲、彷徨、悲观、痛苦交织在一起，就是在这种情绪下，他写了“难得糊涂”的字幅，不久便辞官归隐。

这样，就可以明白款跋的意思了：“聪明难”——要进取，要“众人皆醉我独醒”当然难；“糊涂难”——得过且过本来并不难，但一个一心想勤政执法、为百姓做事的人心中并不愿意这样做，因此也难；“由聪明而转入糊涂更难”——抗争不过官场的黑暗势力，又不愿昧着良心去“糊涂”，这种“聪明”之后的“糊涂”更难；款跋最后一句“放一着，退一步，当下心安，非图后来福报也”——在前面种种的“难”面前，只有小心从事、知进知退，才能不冒失、不惹祸，只求心里安宁，不求后来的福报。

钟爱这句名言者大多为并不糊涂者。试想，没有文化的村夫市井世事不明，可谓糊涂，但他们并不去说什么难得糊涂不糊涂，也不为自己的糊涂或悲哀或欢喜，糊里糊涂地就这么过着也挺好；而那些并不糊涂的人却总盼望着自己“糊涂”，因为太清醒了，所以才盼望能“糊涂”一点儿。

思维能力是上苍赋予人类的一种宝贵能力，是对人类的厚爱，不用它可惜。越是读书多的人越爱想问题，可是这思维能力往往越用越害怕，问题越想越多，想来想去又不得穷其究竟，只觉得寒气逼人，可谓高处不胜寒，于是眼睛一闭，又盼望“糊涂”了。这大约就是“难得糊涂”流传久远的原因了吧。

然而，世界是庞大且纷繁复杂的，很多事情是处于混沌状态之中的，从新兴的前沿学科“混沌学”“模糊理论”“模糊数学”还有“模糊控制”可略见一斑。从这一角度来看，这里的“模糊”却又是大智慧的表现。是的，世界之大，世事之多，要想事事穷其究竟，人大概会很累。比如做这件事情自己吃亏多少他人占便宜几何、某样东西该不该买、某件事情此时是否非得去做、某种钱该不该花、天气有点儿热窗户该在几时几分打开等，恐怕都会因时因地因人而有多种答案；何况，往往二十年前看起来是挺合理的事情，今天看起来可能又不合理了；若干年前看起来是大逆不道的事情，今天谈论它可能又觉得是一种情有可原的存在了，这样的事情还少吗？世界本来就是多元的，要想事事都有一个明确统一的标准也不可能。有说法叫“因地制宜”“因人制宜”“与时俱进”——时过境迁、物是人非，这些都是颇能说明问题的，郑板桥说的“糊涂”应该是指以上一些事情。在这些问题上，真的应该“糊涂糊涂”，不然不仅活得太累，而且太愚蠢了。

事无巨细、斤斤计较、一律较真，表面看起来挺精明，殊不知实际上是大愚蠢，往往会因小失大。这样的例子举不胜举。

表面上看起来为人马马虎虎，什么事也不计较，和善易处，但遇原则问题毫不含糊、据理力争、有理有节，这是大智慧者，因大而弃小。

由是观之，难得糊涂是一种很科学、很智慧、很艺术的为人处世之道，掌握起来真不容易，这才是“糊涂”之所以“难得”的原因。因为只有“大智”才能“若愚”——不是吗？

第七章

感谢折磨你的人，感恩磨炼你的事

“蘑菇经历”是一笔宝贵的人生财富

人不可能一出生就在聚光灯下成长，很多成功人士都有一段蛰伏地下的艰难岁月，正像蘑菇一样，那段岁月对成功者而言是一笔宝贵的财富。

蘑菇长在阴暗的角落，得不到阳光，也没有多少肥料，自生自灭，只有长到足够高的时候才开始被人关注，可此时它自己已经能够接受阳光了。

“蘑菇定律”就是据此而来，是大多数组织对待初入门者、初学者的一种管理原则。据说，它是20世纪70年代由一批年轻的电脑程序员“编写”的。

如果你刚进入社会不久，或仍对那个时期记忆犹新，相信这一条“蘑菇管理原则”一定会让你发出会心而苦涩的一笑。的确，绝大多数初出茅庐的年轻人都有过一段“蘑菇”经历，总之，那是一段困难的日子。

“蘑菇经历”是事业上最为漫长的磨炼，也是痛苦的磨炼之一，它对人生价值的最终体现起到至关重要的作用。经过这个阶段的磨炼，你就会熟练地掌握当前从事工种的操作技能，提升一些为人处世的能力，培养坚韧不拔的意志，最后这点是最重要的。诸多能力的具备，为你将来职业的顺利发展铺平了道路。

从这个意义上来说，“蘑菇经历”是人生的一笔宝贵财富。只有经受这个阶段的磨炼，你才能深刻地领悟这句话的含意。

但是，不愉快的事情并不是生命中的厄运。从某种意义上讲，让自己做上一段时间的“蘑菇”，可以消除自我不切实际的幻想，从而使自己更加接近现实，更实际、更理性地思考问题和处理问题，对人的意志和耐力的培养有促进作用。但用发展的眼光来看，“蘑菇管理”有着先天的不足：一是太慢，还没等它长高长大，恐怕疯长的野草就已经把它盖住了，使它没有成长的机会；二是缺乏主动，有些本来基因较好的“蘑菇”，一钻出土就碰上了石头，因为得不到帮助，结果没能成长起来。如何让他们成功地走过生命中的这一段，尽快吸取经验、成熟起来，这是我们所应当考虑的问题。

因此，如果你现在感到自己被埋没而没有出人头地，不要沮丧，把这段“蘑菇经历”当作人生的一笔宝贵财富来珍藏，对你的一生都大有裨益。

人生总是从寂寞开始

每个想要突破目前困境的人首先都需要耐得住寂寞，只有寂寞才能催生一个人的成长。

曾有人在谈及寂寞降临的体验时说：“寂寞来的时候，人就仿佛被抛进一个无底的黑洞，任你怎么挣扎呼号，回答你的，只有狰狞的空间。”的确，在追寻事业成功的路上，寂寞给人的精神煎熬是十分厉害的。想在事业上有所成就，自然不能像看电影、听故事那么轻松，必须得苦修苦练，必须得耐疑难、耐深奥、耐无趣、耐寂寞，而且要抵得住形形色色的诱惑。能耐得住寂寞是基本功，是最起码的心理素质。耐得住寂寞，才能不赶时髦，不受诱惑，才不会浅尝辄止，才能集中精力潜心于所从事的工作。耐得住寂寞的人，等到事业有成时，大家自然会投来钦佩的目光，这时就不寂寞了。而有着远大志向却耐不住寂寞，成天追求热闹，终日浸泡在欢乐场中，一混到老，最后什么成绩也没有的人，那就将真正寂寞了。其实，寂寞不是一片阴霾，寂寞也可以变成一缕阳光。只要你勇敢地接受寂寞，拥抱寂寞，以平和的态度享受寂寞，你会发现：寂寞并不可怕，可怕的是你对寂寞的惧怕；寂寞也不烦闷，烦闷的是你自己内心的空虚。

一个人想成功，一定要经过一段艰苦的过程。任何想在春花秋月中轻松获得成功的人，其距离成功则遥不可及。这寂寞的过程正是你积蓄力量、开花前奋力地汲取营养的过程。如果你耐不住寂寞，成功就不会降临于你。

不要让自己成为“破窗”

美国斯坦福大学心理学家詹巴斗曾做过这样一项实验：他找来两辆一模一样的汽车，一辆停在比较杂乱的街区，一辆停在中产阶级社区。他把停在杂乱街区的那辆车的车牌摘掉，顶棚打开，结果一天之内就被人偷走了；而摆在中产阶级社区的那一辆过了一个星期仍安然无恙。后来，詹巴斗用锤子把这辆车的玻璃敲了个大洞，结果，仅仅过了几个小时，它就不见了。

以这项试验为基础，政治学家威尔逊和犯罪学家凯琳瑟提出了“破窗理论”：如果有人打破了一个建筑物的窗户玻璃，而这扇窗户又得不到及时的维修，别人就可能受到某些暗示性的纵容去打烂这幢建筑更多的窗户玻璃。久而久之，这些破窗户就给人造成一种无序的感觉。结果在这种公众麻木不仁的氛围中，犯罪就会滋生、增长。“破窗理论”给我们的启示是：必须及时修好第一扇被打碎的窗户玻璃。

因此，若你成为那扇破窗，那么最先被淘汰出局的人就是你。一些影响深远的“小过错”通常能产生无法估量的危害，没能及时修好自己的第一扇被“打碎的窗户玻璃”，也许就会毁了自己的职业生涯。所以，任何一个人，一定要避免让自己成为一扇“破窗”。

耐心地做你现在要做的事

每个人都会有一段蛰伏的经历，在为成功而默默奋斗着。这个时期，你需要的不是浮躁和怨天尤人，而是耐心地做好你现在要做的事。

每个夏天，我们都能听到在高树繁叶之中蝉的清脆鸣叫，它们有透明的羽翼，在风中鸣叫着很让人惬意。殊不知这些蝉一生中绝大部分岁月是在土中度过的，只是到生命的最后两三个月才破土而出。

人的生命历程其实也是这样，每一个希冀成功的人，也必须要在长时间蛰伏地下的经历中，好好磨炼自己，好好培养自己。

作为一个还没有成功的蛰伏者，你必须调节好你的心态，要在日常工作中“看到超越日常工作的东西”，耐心地做好你现在要做的事，脚踏实地地前进。终有一天，成功会降临到你头上。

学会必要的忍耐

美国第三任总统杰弗逊在给子孙的告诫中有一条是：“当你气恼时，先数到10后再说话；假如怒火中烧，那就数到100。”

生活中，在遇到一些不顺心和不如意的事情时，我们的情绪往往会激动起来，陷入激动、委屈、不安等精神状态中。此时我们最容易被情绪操纵，不顾理智做出鲁莽之事。“忍一时风平浪静，退一步海阔天空”，在这个时候，务必要记住“忍耐”二字。强制自己平静下来，认真选择利最大、弊最小的做法，以求达到在当时可能取得的最好效果。

作为命运的主宰者，我们应该学会忍耐，因为它会让我们有意想不到的收获。人在现实中生活，犹如驾一叶扁舟在大海中航行，巨浪和旋涡就潜伏在你的周围，可能会随时袭击你，因此，你要当个好舵手，同时还得具有克服艰难的毅力和勇气，设法绕过旋涡，乘风破浪前进。换言之，忍耐也是面对磨难的一种方法，以不变应万变；忍耐更是一种力量，它能磨钝利刃的锋芒。但忍耐不是软弱，不是退却，也不是背叛，而是以退为进的策略，是求同存异，是寻找合作。

现在大家都知道俞敏洪是千万富豪、亿万富翁，但又有谁知道俞敏洪这样一类创业者是怎样成为千万富翁、亿万富翁的呢？他们在成为千万富翁、亿万富翁的道路上，付出了怎样的艰辛，付出了怎样的努力，忍受了多少别人不能够忍受的屈辱、憋闷、痛苦？又有多少人愿意付出与他们一样的代价，以获取与他们今天一样的财富呢？

当你不愿让命运来主宰你的一切，但又没有反击命运的能力时，切记，应学会忍耐！

忍耐是沉默，功亏一篑是因为不懂得忍耐的真正含义，而坚韧不拔地追求并排除万难有所超越则是忍耐的外延。实际上，忍耐是一种酝酿胜利的高超手段。忍耐实际上是一种动态的平衡，是一种形式的转换，不要被利益所迷惑，也不要因没有利益而悲伤。忍耐可以帮助我们摆脱烦恼，获得人生的真谛。

非洲的一位总统问一位友人有什么好经验，这位友人就说了一句话："忍耐。"忍耐不是目的是策略，是胜敌的关键所在，但一般人做不到。我们有时候不妨学一学鸵鸟，逆来顺受。这不是教大家颓废，只是让大家学会忍让，为将来的爆发也就是成功创造条件，同时它也可以为你提供丰富的经验。

百忍成钢，人生就像一个磨刀的过程，忍耐好比磨刀石。当心性修炼得清澈如镜，达到不以物喜、不以己悲的境界时，那就是我们历经千锤百炼的刀已炼成之时。

顾客把你磨炼成天使

不要厌烦顾客的折磨，通过顾客的各种各样的折磨，你的业务能力会得到不同程度的提高，这会为你今后的成功奠定坚实的基础。

阿迪·达斯勒被公认为是现代体育工业的开创者，他凭着不断的创新精神和克服困难的勇气，终身致力于为运动员制造最好的产品，最终建立了与体育运动同步发展的庞大的体育用品制造公司。

阿迪·达斯勒的父亲靠祖传的制鞋手艺来养活一家四口人，阿迪·达斯勒兄弟帮助父亲做一些零活。一个偶然的机会，一家店主将厂房转让给了阿迪·达斯勒兄弟，并可以分期付款。

兄弟俩很高兴，但资金对他们来说仍是个大问题，他们从父亲的作坊搬来几台旧机器，又买来了一些旧的必要工具。这样，鲁道夫（兄）和阿迪正式挂出了“达斯勒制鞋厂”的牌子。

起初，他们以制作一些拖鞋为主，由于设备陈旧、规模太小，再加上兄弟俩刚刚开始从事制鞋行业，经验不足，款式上是模仿别人的老式样，种种原因导致生产出来的鞋销量并不好。

困境没有让两个年轻人却步，他们想方设法找出问题的根源所在，努力走出失败的困境。

聪明的阿迪逐渐意识到：那些成功企业家的秘诀在于牢牢抓住市场，而他们生产的款式已远远落后于当时的市场需求。

兄弟俩着手寻找自己的市场定位，经过市场调查，终于有了结果：他们应该立足于普通的消费者。因为普通消费者大多数是体力劳动者，他们最需要的是既合脚又耐穿的鞋。再加上阿迪是一个体育运动迷，并且深信随着人们生活水平的提高，健康将渐渐成为人们的第一需要，而锻炼身体就离不开运动鞋。

定位已经明确，接下来就是设计生产的问题了。他们把自己的家也搬到了厂里，一个多月后，几种式样新颖、颜色独特的跑鞋面世了。

然而，新颖的跑鞋并没有像兄弟俩想象的那样畅销。当阿迪兄弟俩带着新鞋上街推销时，人们首先对鞋的构造和样式大感新奇，争相一睹为快。

可看过之后，真正购买的人很少，人们看着两个小伙子年轻、陌生的脸孔，带着满脸的不信任离开了。

兄弟俩四处奔波，向人们推荐自己精心制作的新款鞋，一连许多天，都没有卖出一双。

达斯勒兄弟本以为做过大量的市场调查之后生产出的鞋子，一定会畅销，然而无法解决的困难又一次让两个年轻人陷入绝境。

可阿迪·达斯勒的字典里没有“输”这个词，只有勇气陪伴着他们，去闯过一个个难关。

在困难面前，阿迪兄弟没有消沉，没有退缩，而是迎着困难继续努力，在仔细分析当时的市场形势和自己工厂的现状后，他们终于找到了解决的办法。

兄弟俩商量后决定：把鞋子送往几个居民点，让用户们免费试穿，觉得满意后再向鞋厂付款。

一个星期过去了，用户们毫无音讯，两个星期过去了，还是没有消息。兄弟俩心中都有些焦躁，有些坐不住了。

在耐心的等候中，又一个星期过去，他们现在唯一的办法也只有等待了。一天，第一个试穿的顾客终于上门了。他非常满意地告诉达斯勒兄弟俩，鞋子穿起来感觉好极了，价钱也很公道。在交了试穿的鞋钱之后，又定购了好几双同型号的鞋。

随后不久，其余的试穿客户也都陆续上门。一时之间，小小的厂房竟然人来人往，络绎不绝。鞋子的销路就此打开，小厂的影响也渐渐扩大了。

阿迪兄弟俩没有被初次创业所遭遇的种种困难所吓倒，面对资金不足、经验不足、信誉缺乏等困难，他们凭着自己的信心和勇气一一攻克，为日后家族现代体育工业帝国的建立，打下了坚实的基础。

现在的你也一样，不要抱怨顾客对你的折磨，因为，唯有这些折磨才能将你磨炼成美丽的“天使”。

善待你的对手

一旦谈到双赢，人们一向以为这种情况只会发生在自己与合作伙伴之间，而与对手，“不是你死，就是我亡”才是最终的结局。

真的是这样吗？显然，答案是否定的。其实我们和对手也可以走进双赢的境地。

对手，是失利者的良师。有竞争，就免不了有输赢。其实，高下无定式，输赢有轮回。曾经败在冠军手下的人，最有希望成为下一场比赛的冠军。只因败者有赢者作师，取人之长，补己之短，为日后取胜奠基。更有一些智者，一番相争之后，便能知己知彼，比得赢就比，比不赢就转，你种苹果夺冠，我种地瓜也可以领先。

对手，是同组的搭档。人生在世能够互成对手，也是一种缘分，仿佛同一个分数中的分子、分母。如此说，结局往往只有赢多赢少之别，并无绝对胜败之分。角色有主有次，登台有先有后，掌声有多有少，但彼此相依，缺了谁戏也演不成。同在一个领导班子中也如此，携手共进，共创佳绩，方可交相辉映。

孟子说：“入则无法家拂士，出则无敌国外患者，国恒亡。”奥地利作家卡夫卡说：“真正的对手会灌输给你大量的勇气。”善待你的对手，方尽显品格的力量和生存的智慧。

一个群体如果没有对手，就会因为相互的依赖和潜移默化而丧失灵活，丧失生机。

一个行业如果没有对手，就会因为丧失进取的意志、安于现状而逐步走向衰亡。

仔细一想，便会发现拥有一个强劲的对手，反而倒是一种福分、一种激励。因为一个强劲的对手，会让你时刻感觉到危机四伏，它会激发起你更加旺盛的精神和斗志。

有时候，表面上看来，我们从对手身上得到的学习机会没有那么直接、明显，然而，仅仅是承受他带给我们的压力，就已是很宝贵的机会了，可以对我们的成长起到很大的帮助。我们要冷静地观察对方，客观地审视自己。也唯有这样，才能在与对手交手的过程中学到东西。

然而，很多人无法这样看待对手。由于对手和敌人往往只有一线之隔，甚至是一体两面，因而对手也很容易被视为仇人。很多人会带着各种情绪来看待对手，经常会这样想：敌人和仇人当然是不好的，哪有向他们学习的道理？

不少人在碰到对手的时候，首先是不屑一顾（觉得对手的实力不过如此），接下来是愤怒（发现这样的人竟然有很多人喜欢，甚至超过了自己），最后则是不允许别人在面前说对手的优点。

如果你有个很强的对手，你应该从心底欢喜。就像每天要照照镜子一样，你每天都要仔细盯紧这个对手，好好欣赏他，好好向他学习。

一个人有了对手，才会有危机感，才会有竞争的动力。有了对手，你便不得不奋发图强，不得不革故鼎新，不得不锐意进取，否则，就只有等着被吞并、被替代、被淘汰。

善待你的对手吧！有时候，将我们送上领奖台的，恰恰是我们的对手。

以高标准要求自己

人永远都不能满足于现状，你只有不断砸烂差的，才能创造更好的，才能无限地接近完满。

成功的人往往都是一些不那么“安分守己”的人，他们绝对不会因取得一些小小的成绩而沾沾自喜，眼前那点儿小成就会阻碍你继续前行的脚步。

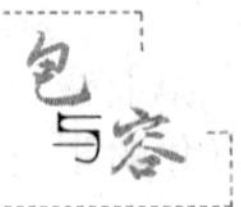

每一个渴望出人头地的人都必须谨记：只有不断砸烂较差的，你才能完全没有包袱，创造出更好的，走上成功的殿堂。

给自己一点儿压力

美国鲍尔教授说：“人们在感受工作中的压力时，与其试图通过放松的技巧来应付压力，不如激励自己去面对压力。”

一个人的惰性与生存所形成的矛盾会是压力，一个人的欲望与来自社会各方面的冲突会是压力。说通俗一些，就是人生的各个阶段都有压力：读书有压力，上班有压力，做普通员工有压力，做管理者也有压力。总之，压力无处不在！

压力是好事还是坏事？

科学家认为：人是需要激情、紧张和压力的。如果没有既甜蜜又有痛苦的冒险滋味的“滋养”，人的机体就无法存在。适度的压力可以激发人的免疫力，从而延长人的寿命。试验表明，如果将人关进隔离室内，即使让他感觉非常舒服，但没有任何情感体验，他很快也会发疯。

压力带给人的感觉不仅仅是痛苦和沉重，它也能激发人的斗志和内在的激情，使人兴奋，使人的潜能被开发。

体育比赛的压力是大家都有目共睹的，正是因为压力大，才有了世界纪录的频频被打破。企业工作业绩的压力也是很大的，然而正是激励的竞争机制才有了企业的飞速发展，人才也层出不穷。

压力不仅能激发斗志，压力还能创造奇迹。据说有一条非常危险的山路，是人们外出的必经之路，多少年来，从未出过任何事故。原因是，每一个经过的人都必须挑着担子才能通行。可是奇怪的是，这条狭窄的小路，一边是陡峻的山崖，一边是无底的深渊，人们空着手走尚且很危险而挑着担子反能顺利通过。那是因为挑着担子的人不敢有丝毫的松懈，全部精力和心思都集中在此，所以，多少年来，这里都是安全的。这正是压力的效应。

相反，没有压力的生活会使人生活得没有滋味。

试想，如果所有的学生都是一样的考分，不管你是多么努力，所有的员工都是一样的工资，不管你是多么勤奋，那还会有谁愿意继续努力？人人都将混日子过，变得越来越懒散，激情也将消失殆尽，社会也将停滞不前。

压力不能没有，但压力也不能过大，压力又无法摆脱。是的，生活就是这样，充满着矛盾，我们只能去选择适应生活和改变自己。当你没有了激情，懒懒散散，那就给自己加压，定下一个目标，限期完成；当你感到压力使你身心疲惫，都快成机器了，你就要进行压力纾解，放下一些力不从心的追求。

当你没有任何压力的时候，你就会失去动力，成为轻飘飘的云，没有了方向。要想改变现状，你必须给自己一些压力。珍珠的来历大家都知道，它是将异物放进贝壳，经过不分昼夜的磨炼而成。也让我们学习贝壳吧，把压力变成珍珠！

给自己一个悬崖

给自己一个悬崖，你才能有被逼到绝境时的感受，才能迸发出你生命的潜能，从而一扫过去的慵懒，走向成功。

人总是生活在安逸的环境中，能力就会渐渐消退，心智就会渐渐老去，潜力生锈，沦为平庸之辈。因此，一个人若想从平庸中脱颖而出，必须时时给自己一些压力，让自己去接受挑战，才能不断突破自我，发挥潜能，走向卓越。

一个人要想让自己的人生有所转机，就必须懂得关键时刻把自己带到人生的悬崖。给自己一个悬崖，就是给自己一片蔚蓝的天空！

人在面对压力时会激发出巨大的潜能，因此，你不必因恐惧逆境和挫折而去当温室里的花朵。温室里的花朵固然可以安全舒适地生活，但人生不可能一帆风顺，一旦逆境来临，首先被摧毁的就是失去意志力和行动能力的温室花朵，经常接受磨炼的人才能创造出崭新的天地，这就是所谓的“置之死地而后生”。

折磨你的人是你的新鲜空气

感激伤害你的人，因为他磨炼了你的心志；感激欺骗你的人，因为他增进了你的见识；感激鞭挞你的人，因为他清除了你的惰性；感激压抑你的人，因为他拓展了你的心胸；感激身边的对手，因为他让你学会了生存；感激曾经的男人，因为他让你学会了保护；感激嫉妒的女人，因为她让你学会了包容；感激爱你的人，因为他让你懂得了什么是爱。感恩的心，感谢有你，感谢所有的好人、坏人、男人、女人、老人、小孩。

有一本书曾经这样写道：人生活在这个世界上，总会经历这样那样的烦心事，这些事总是会折磨人的心，使人不得安稳。尤其对于刚毕业的大学生来说，刚在社会中立足，还未完全成长起来，却要承受这个社会的种种压力。

世间的事就是这样，如果你改变不了世界，那就改变你自己吧。换一种眼光去看世界，你会发现所谓的“折磨”其实都是促进你生命成长的“清新氧气”。

人们往往把外界的折磨看作人生中纯粹消极的、应该完全否定的东西。当然，外界的折磨不同于主动的冒险，冒险有一种挑战的快感，而我们忍受折磨总是迫不得已的。但是，人生中的折磨总是完全消极的吗？清代学者金兰生在《格言联璧》中写道：“经一番挫折，长一番见识；容一番横逆，增一番器度。”由此可见，那些挫折和横逆的折磨对人生不但不是消极的，还是一种促进你成长的积极因素。

生命是一次次的蜕变过程。唯有经历各种各样的折磨，才能拓展生命的厚度。只有一次又一次与各种折磨握手，历经反反复复几个回合的较量之后，人生的阅历才会在这个过程中日积月累、不断丰富。

在人生的岔道口，若你选择了一条平坦的大道，你可能会有一个舒适而享乐的青春，但你会失去一个很好的历练机会；若你选择了坎坷的小路，你的青春也许会充满痛苦，但人生的真谛也许就此被你找到了。

蝴蝶的幼虫是在一个洞口极其狭小的茧中度过的。当它的生命要发生质的飞跃时，这天定的狭小通道对它来讲无疑成了鬼门关，那娇嫩的身躯必须竭尽全力才可以破茧而出。许多幼虫在往外冲杀的时候力竭身亡，不幸成了飞翔的悲壮祭品。

有人怀了悲悯恻隐之心，企图将那幼虫的生命通道修得宽阔一些，他们用剪刀把茧的洞口剪大，这样一来，所有受到帮助而见到天日的蝴蝶都不再是真正的自己——它们无论如何也飞不起来，只能拖着丧失了飞翔功能的双翅在地上笨拙地爬行！原来，那“鬼门关”般的狭小茧洞恰是帮助蝴蝶幼虫两翼成长的关键所在，穿越的时候，通过用力挤压，血液才能被顺利输送到蝶翼的组织中去，唯有两翼充血，蝴蝶才能振翅飞翔。人为地将茧洞剪大，蝴蝶的翼翅就没有了充血的机会，爬出来的蝴蝶便永远与飞翔绝缘。一个人成长的过程恰似蝴蝶的破茧过程，在痛苦的挣扎中，意志得到磨炼，力量得到加强，心智得到提高，生命在痛苦中得到升华。当你从痛苦中走出来时，就会发现，你已经拥有了飞翔的力量。如果没有挫折，也许就会像那些受到“帮助”的蝴蝶一样，拖着无力的了双翼，平庸地度过一生。

只有经历过风雨，才能增长经验，你才能离成功更近一步。

第八章

人生要经得起失败，耐得住寂寞

四个字：坚持到底

丘吉尔下台后，有一回应邀在牛津大学的毕业典礼致辞。那天他坐在首席，打扮一如平常，还是一顶高帽，手持雪茄。

经过一长串的介绍辞之后，丘吉尔走上讲台，注视观众，沉默片刻，他开口说："永远，永远，永远不要放弃！"接着又是长长的沉默，他又一次强调："永远，永远，永远不要放弃！"他又注视观众片刻，然后回座。

无疑，这是历史上最短的一次演讲，也是丘吉尔最脍炙人口的一次演讲。

多年以前，美国曾有一家报纸刊登了一则园艺所重金征求纯白金盏花的启事，在当地一时引起轰动，高额的奖金让许多人趋之若鹜。但在千姿百态的自然界中，金盏花除了金色的就是棕色的，还没有人能够有幸见过白色的金盏花，这根本不是一件易事。所以许多人在一阵热血沸腾之后，就把那则启事抛到九霄云外去了。

一晃就是二十年。一天，那家园艺所意外地收到了一封热情洋溢的应征信和一粒纯白金盏花的种子。当天，这件事就不胫而走，引起轩然大波。

寄种子的原来是一个年近古稀的老人。老人是一个地地道道的爱花人，当她二十年前偶然看到那则启事后，便怦然心动。她不顾八个儿女的一致反对，义无反顾地干这件事。她撒下了一些最普通的种子，精心侍弄。一年之后，金盏花开了，她从那些金色的、棕色的花中挑选了一朵颜色最淡的，任其自然枯萎，以取得最好的种子。次年，她又把它种下去，然后，再从这些花中挑选出颜色最淡的花的种子栽种……日复一日，年复一年。终于，在二十年后的一天，她在那片花园中看到一朵金盏花，它不是近乎白色，也并非类似白色，而是如银如雪的白。于是，一个连专家都解决不了的问题，在这位不懂遗传学的老人长期的坚持下，最终迎刃而解。这不是奇迹吗?

俗话说：滚石不生苔。坚持不懈的乌龟能快过灵巧敏捷的野兔。如果能每天学习一小时，并坚持十二年，所学到的东西，一定远比坐在教室里接受四年高等教育所学到的多。正如布尔沃所说："恒心与忍耐力是征服者的灵魂，它是人类反抗命运、个人反抗世界、灵魂反抗物质的最有力支持。从社会的角度看，考虑

到它对种族问题和社会制度的影响，其重要性无论怎样强调也不为过。”

一个人之所以成功，不是上天赐给的，而是日积月累自我塑造得来的。幸运、成功永远只会属于辛劳的人、有恒心不轻言放弃的人、能坚持到底的人。

来一次破釜沉舟

我们都熟悉项羽破釜沉舟大破秦军的故事。无独有偶，西方也有类似的故事。

恺撒大帝在尚未掌权之前，是一位智勇双全的军事将领。有一次，他奉命率领舰队前去征服英伦诸岛。

在他检阅舰队准备出发前，才发现随船远征的军队人数少得可怜，而且武装配备也残破不堪。以这样的军力想征服骁勇善战的英伦军队，无异于以卵击石。

但恺撒当下还是决定启程，驶向英伦诸岛。舰队到达目的地之后，恺撒等所有兵士全数下船后，立即命令亲信部属一把火将所有战舰烧毁。同时他召集全体战士训话，告诉他们战船已经烧毁，所以大家只有两种选择：一是勉强应战，如果打不过勇猛的敌人，后退无路，那只能被赶入海中喂鱼。另一条路是：不管军力、武器、补给如何的不足，奋勇向前，攻下该岛，则人人都有活命的机会。

置之死地而后生。士兵们人人抱定必胜的决心，奋不顾身地冲锋陷阵，终于攻克强敌。而恺撒也因为这次辉煌的战绩，为日后独掌罗马帝国最高权力奠下坚实的基础。

当人们要进入艰难的环境时，有些人先小心地探测，以做万全的准备；许多人因为知道困难重重，而再三延迟行程，甚至取消原来的计划；又有些人，先一脚踏入那个环境，但仍留许多后路，看着情况不妙，就抽身而返；当然更有些人，心存破釜沉舟之念，打定主意，便全身投入，由于急着应付眼前的重重险阻，反倒忘记了许多痛苦。

不要因失败而退缩

事业取得成功的过程，实际上就是不断战胜失败的过程。因为任何一项大小事业要取得相当的成就，都会遇到困难，难免要犯错误，遭受挫折和失败。例如，在工作上想搞改革，越革新矛盾越突出；学识上想有所创新，越深入难度越大；技术上想有所突破，越攀登险阻越多。著名科学家法拉第说："世人何尝知道：那些经由科学研究工作者头脑里的思想和理论当中，有多少被他自己严格的批判、非难的考察，而默默地、隐蔽地扼杀了。就是最有成就的科学家，他们得以实现的建议、希望、愿望以及初步的结论，也达不到1/10。"这就是说，世界上一些有突出贡献的科学家，他们成功与失败的比率是1：10。至于一般人，与

这个比率比当然要低得多。因此，在迈向成功的道路上，能不能经受住错误和失败的严峻考验，是一个非常关键的问题。

闻名于世的大作曲家贝多芬说：“卓越的人的一大优点是：在不利于己的遭遇里百折不挠。”从事任何一项事情，先要决定志向，志向决定以后，就要全力以赴毫不犹豫地去实行。

法国作家凡尔纳年轻时写的第一本著作，是名为《气球上的五星期》的科学幻想小说。当他兴高采烈地将自己的处女作送给一家出版社时，总编辑翻了书稿后，感到书中说的尽是不切实际的幻想，而且写作手法也离经叛道，便婉言拒绝出版。在一连被十五家出版社拒之门外之后，凡尔纳开始灰心丧气。他坐在火炉旁一张一张地撕下手稿，往火炉里扔。幸亏他的妻子发现，才阻止了他的焚书行动，并劝他再试一次。凡尔纳第二天又将书稿整理好送到第十六家出版社。出乎意料，这家出版社独具慧眼，不仅立即给予出版，而且与凡尔纳签订了为期二十年的合同，要凡尔纳把今后写的全部科幻小说交给他们出版。《气球上的五星期》出版后，立即轰动文坛，凡尔纳一举成名。

成功往往就在于——面对失败不退缩。试想，凡尔纳如果不投这第十六家出版社，还会有这部不朽的传世名作吗？还会有大作家凡尔纳吗？所以，遇到挫折，千万不能退缩，不能轻易放弃。只有努力尝试，才能成功。

任何成功都包含着失败，每一次失败是通向成功不可跨越的台阶。爱因斯坦指出："正确的结果，是从大量错误中得出来的，没有大量错误做台阶，也就登不上最后正确结果的高峰。"有志气有作为的人，并不是因他们掌握了什么走向成功的秘诀，而恰恰在于他们在失败面前不唉声叹气、不悲观失望。

大发明家爱迪生经过几千次的失败，才最终发明了电灯，给世界人民带来了黑夜中的光明。他在总结这段经历时说："我对电灯问题，钻研最久，试验最苦，但是从未灰心，更不信它试验不成！失败和成功对我一样有价值。"

著名药物学家欧立希发明了一种名叫砷矾纳明的新药，这种药能够治疗梅毒病和昏睡病。他在试制过程中，遭受过605次失败，这使他痛苦万分，但他并未就此止步，而是继续坚持试验，终于在第606次实验中取得了成功。因此，欧立希把这种新药命名为"606"。一盏电灯要试验几千次，一种新药要试验几百次，这中间经历了多少艰辛！

往往，最后的成功正是孕育在千百次的失败之中。其实，成功与失败并没有绝对不可跨越的界限，成功是失败的尽头，失败是成功的黎明。失败的次数愈多，成功的机会亦愈近。成功与失败的差距只在完全做对一件事情和几乎做对一件事情上。如果你能在挫折面前不退缩，那么，你一定能走向成功。

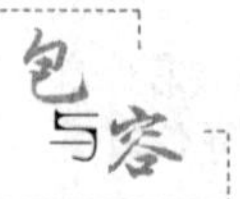

有了希望就能战胜苦难

公元前334年，亚历山大大帝在出发远征波斯之前，把自己所有的财产全部分给了臣下。

一名随从非常惊讶地问："陛下，那你带什么启程呢？"

亚历山大自信地回答说："我只带一种财富，那就是'希望'！"

希望，是一个人一生中最为珍贵的财富，它远胜于世上任何有形的财宝。

1992年3月的《读者文摘》，刊载了一篇发人深省的作品。

文中讨论的四部影片是：《山水喜相逢》《洛基》《火战车》《甘地传》。该文作者分析这四部影片叫好又叫座的一些共同原因时说："它们反映人性本善、宣扬种种受人尊敬的情操：勤奋、苦干、自重；表现出对家庭、朋友、社会的爱心；显示了一个人能对他自己的一生和别人的一生造成多大的改变；最重要的，它们给了我们希望。"

在这一段话里，最能引起人共鸣的，是最后一句："它们给了我们希望。"有时候，创造奇迹的不是巨人，也许只是心中埋藏的希望。一句鼓励的话语，就能给对方一个免费却珍贵的礼物——希望。希望，在我们的生命里，微不足道，却往往重如千钧。

希望是一种伟大的力量。在很多情况下，希望的力量比知识的力量更强大。因为只有在有希望的前提下，知识才能被更好地利用。第二次世界大战期间，德国法西斯虽然拥有很先进的武器和强大的军队，但内心的绝望还是导致了他们的迅速溃败。

所以，一个人，即使他一无所有，只要他有希望，他就可能拥有一切；而一个人即使拥有一切，却不拥有希望，那就可能丧失他已经拥有的一切。

豁达是心病的解药

豁达，是荡涤红尘的一杯清茶，是摆脱烦恼的一道良方，是纯净心灵的良药。

我们一生中不可能永远都是风平浪静，人生遭际不是个人力量所能左右的，而在诡谲多变的环境中，唯一能使我们不觉其拂过的办法，就是使自己变得豁达。以豁达之心去面对以前痛苦的遭遇，不幸便将会远离我们，因此我们要学会随遇而安。

豁达不仅能让自己的心灵得到拯救，同时也能拯救别人的心灵。对自己身上发生的一切，如果都能以一种大度、坦然的态度去对待，那么我们与他人的关系将会是融洽和愉快的。我们说豁达是心病的解药，是因为它是一种人生境界，是一种超脱与淡定。豁达的人不会为他物所牵绊，所以心自然是沉着从容的。

人与人之间总有差异，所以有时摩擦、争吵不可避免，这些本是很正常的事情。如果多些理解，学会包容，能够设身处

地地为他人着想，就不会因他人与己见不同而生出隔阂，进而产生矛盾。

正是由于人与人之间存在不同的见解，才使得我们这个世界有朝气，从而产生了许多新生事物。从另一个方面来说，与他人有不同见解存在，也才会使得自己去从另一个角度思考问题。也许自己固有的见解原本就是错的，不科学的。正是由于他人的不同见解使自己反省，从而纠正自己错误的认识与观点，并获得新的进步。因此，正确对待不同见解，不仅不是理亏，反而是一种理智的态度。而要做到这点，所需要的就是“理解”。理解他人，理解环境，理解我们所处时代的方方面面；不固执，不偏激，不斤斤计较，更莫为小事而与别人打“扯皮官司”，弄得自己心神不安，伤神又伤心。

豁达是一种特质，它一部分来源于性格，但更多的源于修养。豁达是一种生活的态度，古人云：人生不如意事常八九。面对世事沉浮，想要“胜似闲庭信步”，就得有豁达的胸襟。如此，才不会被生活的各种纷繁经历所困扰。豁达是生存的艺术，更是一种待人处世的思维方式。人生处世为人，皆方圆之间，方圆有度，不卑不亢。追求豁达，告别狭隘，告别妒忌，告别猜疑；心中有爱，有容人之量，才能善于发现美，发现世间大爱。

豁达是心灵的最佳解药，拥有一颗豁达的心，在工作和生活中我们将从根本上远离不幸。

知足者能享天人之福

知足是快乐的重要条件。托尔斯泰曾说：“欲望越小，人生就越幸福。”知足者认识到了无止境的欲望只能带来痛苦，所以才能摒弃欲望，享天人之福。

在这个世界上，大多是那些懂得知足常乐的人们生活得更为幸福。这是因为，一个具有开朗热情性格的人，通常在生活中懂得知足常乐、平淡是福，能够笑看输赢得失、当放则放。

有了一颗知足的心，人才会有真正的宁静、真正的喜悦、真正的幸福。知足常乐，是一种与世无争而又安于平凡的心境，也是一种不经意间的幸福。人如果贪欲越多，就会陷入对名利的追逐，后来他们得到越多，就越去追逐，这就是所谓的“知足之人不知穷，不知足之人不知富”。

知足是什么呢？知足就是：别人的钱比自己多，我不嫉妒，钱少可以俭朴点儿、量入为出；别人吃山珍海味，我不眼馋，粗茶淡饭也照样吃得健康结实，并且同样香甜。别人有名牌时装、花园洋房，我不羡慕，房小可以安排得紧凑点儿，照样收拾得窗明几净，衣服穿不起名牌，青衣布衫也舒适……

什么又是常乐呢？常乐就是：有一份糊口的工作，虽然薪水不高，但能维持日常的生活，想想也欣慰。有一个爱自己的配偶，也许是一个最普通的人，没有权钱与容貌，但有一分真挚的爱情。还有一个活泼可爱孩子，也许学习成绩平平，但身体健康……

以上这些难道不是欢乐和幸福吗？实际上，如果你仔细想想，就会发现身边的欢乐数也数不清。这就是我们普通人的天人之福。

所以，真正的幸福不是每天都追求到了什么，而是每天都怀有一颗满足的心愉快地生活。满足的秘诀在于知道如何享受自己的所有，并能驱除自己能力之外的物欲。既然我们都是普通人，那么，那些超越我们能力的东西就显得无足轻重，而脚踏实地过平民百姓的生活，就能让知足者常乐！

能拿得起就要能放得下

“拿得起”不仅仅是应在踌躇满志时，“放得下”也绝不仅仅是应在遭受挫折时。在人生的每时每刻，我们都应把它们看作一个整体。一个人在处事中，拿得起是一种勇气，放得下是一种度量。

在生活中必须学会“拿得起放得下”，学会适时松开手。人生的成败往往蕴含于取舍之间，“放得下”的关键在于你是否能够在人生道路上进行果敢的取舍。

拿得起，实为可贵；放得下，是人生处世之真谛。成大事业者不会计较一时的得失。他们都知道放下什么，如何放下。放得下，你就可以轻装前进。放得下，你就可以摆脱烦恼和纠缠，整个身心沉浸在轻松悠闲的宁静中。

放得下会使你赢得别人的信赖；放得下会改变你的形象，使你显得豁达豪爽；放得下还会使你变得更能干，更精明，更有力量。在这个世界上，为什么有的人活得轻松，而有的人活得沉重？前者是拿得起，放得下；而后者是拿得起，却放不下，所以沉重。

放下心中所有难言的负荷，放下失恋的痛楚，放下费尽精力的争吵，放下屈辱留下的仇恨，放下对虚名的争夺，放下对权力的角逐……凡是次要的，枝节的，多余的，该放下的都要放下。只有放得下，才能将该拿起的东西更好地把握住。

由于清朝晚期科场中贿赂盛行，舞弊成风，蒲松龄四次考举人都落第了。最后他放弃了“科考”这条可以使自己走上仕途的道路，而选择了著书立说。他立志要写一部“孤愤之书”。他在压纸的铜尺上镌刻了一副著名的对联，上书：

有志者，事竟成，破釜沉舟，百二秦关终属楚；

苦心人，天不负，卧薪尝胆，三千越甲可吞吴。

蒲松龄以此自警自勉。后来，他终于写成了《聊斋志异》，流传百世。

蒲松龄虽然科举落第，与仕途无缘，但他找到了成就自己的另一个方向。在这条新开辟的道路上，他取得了成功，也为后人留下了宝贵的精神财富。

人生是一种相依相得的平衡，放不下就得不到，得不到就会很痛苦。拿得起放得下，反映的是一个人生命的品质和品位。这需要一种不断积蓄的能量。唯有拿得起放得下，才能厚积薄发，举重若轻，处事从容。一个明智的人，拿得起有分量的东西，同样也放得下它，只要是服从自己的内心，就可以进行另一选择。

放下的，当然是应该放下的，过去了的，不应有的，强求而难以达到的。放得下，看似消极，实质却是一种积极的心态。对于自己的过去，大可不必耿耿于怀，是好是坏都已过去，生命并非只有一处灿烂辉煌。包容过去，融通未来，创造人生新的春天，人生才更加明媚迷人。

人生并非只有一处辉煌，别处风景也许更加迷人。站在特定的时点，审时度势，作出你的选择，找到你的真正的生活目标。因此，你有时须从新的角度看待自己，重新找回自信，你会发现自己有越来越多值得欣赏的地方。

拿得起与放得下是生命中最重要的修养之一，我们只有果断清醒地放下应该放下的，随和且随缘地看待人生旅途中遇到的利害得失、祸福变故，接纳和融合所遇到的一切，才能腾出生命的空间，享有所拥有的一切。

拿得起是可贵，放得下是超脱。鲜花、掌声能等闲视之，挫折、灾难能坦然承受。人生最大的敬佩是拿得起，生命最大的安慰是放得下。当迷雾消散、尘埃落定的那一刻，你会发现这一切原本只是自己放不下。烦事人人有，放下自然无。

人生随时都可以重新开始

这个世界上不会有人一生都毫无转机，穷人可能会腾达为富人，富人也可能沦落为穷人，很多事情都是发生在一瞬间。富有或贫穷，胜利或失败，光荣与耻辱，所有的改变都会在一瞬间发生。

比如，一个人要戒烟，如果他总认为戒烟是一个渐进的、缓慢的过程，要逐渐地戒，那他永远也戒不了烟；他只有在某天突然醒悟，才会痛下决断，马上坚决采取戒烟措施，才有可能戒掉烟。

其实，人的改变就在一瞬间，只要我们思想上有了一种强烈的要改变的意识，并下定决心，变化就会出现。一瞬间的改变可以成就一个人的一生，也可以毁灭一个人的一生，所以，我们不能忽视一瞬间的力量。

鲁迅认为中国落后是因为中国人的体格不行，被称作东亚病夫，于是他去日本学习医学。但一次在课间看电影的时候，他看到日本军人挥刀砍杀中国人，而围观的中国人却一脸的麻木，当时其他的日本同学大声地议论："只要看中国人的样子，就可以断定中国必然灭亡。"鲁迅思想上顿时发生了改变，他说："从那一回以后，我便觉得医学并非一件紧要事，凡是愚弱的国民，

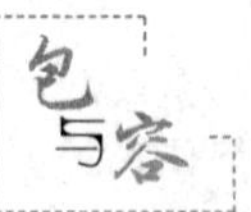

即使体格如何健全，如何茁壮，也只能做毫无意义的示众的材料和看客，病死多少是不必以为不幸的，所以我们的第一要著，是在改变他们的精神，而善于改变精神的是，我那时以为当然要推文艺，于是想提倡文艺运动了。”从此，鲁迅决定弃医从文，以笔为枪，去唤醒沉睡中的中国，由此中国也多了一位伟大的思想家和文学家。